Vittorio Macchioro

Roma cautiva

Un ensayo sobre la religión romana

Traducción por
Gustavo Mateu Fombuena

🯄 Hipérbola Janus

Roma cautiva
Un ensayo sobre la religión romana

Primera edición: mayo 2025
Ejemplar impreso bajo demanda.

ISBN: 978-1-961928-31-2 (Tapa blanda)

Copyright © Hipérbola Janus, 2025
Copyright de la traducción © Gustavo Mateu Fombuena, 2025

Obra original:
Vittorio Macchioro, *Roma capta, un saggio sulla religione romana*, Messina: Casa editrice Giuseppe Principato, 1928.

 **Hipérbola Janus**
hiperbolajanus.com | info@hiperbolajanus.com | ○○⊗ @HiperbolaJanus

Todos los derechos reservados. No se permite la reproducción total o parcial de este libro sin la autorización previa y por escrito de los titulares del copyright. Este libro se ha desarrollado íntegramente con software libre de código abierto. «Hipérbola Janus» es un sello editorial de Quixotic Spirit Books LLC (NM, USA – quixoticspirit.com).

Índice general

Prefacio   v

I   **1**
1. La pobreza fantástica del pueblo romano   1
2. Condujo a los romanos a concebir la divinidad como una energía abstracta   6
3. La cual se manifiesta solo en la acción concreta . . .   10
4. De ahí la concepción de la relación con dios como acción   20
5. La sobrevaloración del rito   23
6. La persistencia de ritos anticuados   29
7. La concepción contractual de la oración   36
8. El voto   39
9. La aruspicina   42
10. La concepción de los muertos como energía   46
11. El rito funerario propiciatorio   56

II   **65**
1. La helenización de la antigua religión romana.   65
2. Propiciada por la crisis religiosa y política.   73
3. La superioridad mítica de los dioses griegos   79
4. Aunque debido al cálculo político   81
5. Cambió la conciencia religiosa romana al dotar a los dioses de corporeidad   82
6. Al culto, caracteres antropomórficos   88
7. Las creencias del más allá de la materialidad   99

III 107

1. La conciencia religiosa de los romanos fue pervertida por el estoicismo 107
2. Así como el epicureismo 115
3. Creando una escisión permanente entre religión y filosofía 129

IV 135

1. El ritualismo subordinó la religión Romana a la tradición. 135
2. La convirtió en una religión de autoridad 145
3. Lo que provocó la rápida decadencia 148
4. Y triunfó en la reforma augustea 154
5. Representa la culminación de la evolución religiosa del pueblo romano 162
6. Así como su forma religiosa definitiva 163

Corolario 165

Biografía de Vittorio Macchioro 177

Prefacio

La historia de la religión romana constituye un enorme proceso a través del cual el moralismo abstracto de los antiguos romanos fue alterado, descompuesto y destruido por el antropomorfismo concreto de la religión griega. La religión romana no pudo resistir esta descomposición debido a la debilidad espiritual inherente a la identificación de religión y el rito, por un lado, y religión y política por otro, que se encuentra en las raíces del pensamiento romano. Y así fue como la conciencia religiosa de un pueblo muy fuerte cayó presa fácilmente de una religión tan rica en valores estéticos como pobre en valores éticos; y la humanidad perdió para siempre esa admirable escuela de seriedad que fue la antigua religión romana, para entregarse a una concepción de la divinidad que, habiendo rebajado la conciencia romana, rebaja también la nuestra. Ahora bien, este proceso, a través del cual los romanos hicieron a su propio perjuicio la terrible experiencia de la idolatría y la belleza helénica se vengó de los vencedores, es el tema de este ensayo.

Nápoles, octubre de 1928
- Vittorio Macchioro

Vittorio Macchioro

I

1 La pobreza fantástica del pueblo romano

LA ESENCIA Y EL DESARROLLO de la religión romana resultan incomprensibles si se la estudia descuidando el único punto de vista que la hace comprensible: la incapacidad mítica y fantástica de los romanos. En efecto, si no se tiene presente esta peculiaridad del pueblo romano, se corre el riesgo de no comprender no sólo la religión, sino toda la civilización romana.

Lo primero que llama la atención al estudiar la antigua[1] civilización romana es la ausencia de una mitología propiamente dicha. El mito no existe en Roma: sólo existe la leyenda. Es decir, no hay creación fantástica espontánea del espíritu; sólo existe el hecho, en todo o parte inventado, con carácter histórico o pseudohistórico. El mito comenzó a aparecer en Roma como una importación cultural e intelectual de Grecia, pero sin la espontaneidad que lo caracteriza allí. Es el producto artístico y estético de una civilización evolucionada, que lo acoge por refinamiento artístico, sin creer en su veracidad.

---

[1]**NdT**: En el original en italiano figura el término «prisca» en lugar de «antiguo/a», Del latín priscus, relacionado con prior «anterior» y primus «primero». Perteneciente a una época anterior, que se remonta a tiempos muy lejanos.

El mito, en cambio, precisamente por ser un producto espontáneo de la actividad fantástica y no el resultado de la investigación intelectual, tiene siempre el carácter y el valor de la realidad objetiva. Los griegos creían realmente en sus mitos. Platón buscó en ellos la confirmación de sus teorías y construyó su filosofía sobre su base. Ahora bien, esta, que es la forma típica del mito, está ausente en Roma. En su lugar, encontramos abundantes leyendas —el Rapto de las Sabinas, los Horacios y los Curiacios, Tarpeya, Clelia, Horacio Coclès, Lucrecia, Mucio Scévola, Coriolano, Cincinato— que difieren por completo del mito griego. Carecen del elemento constitutivo del mito griego: lo divino. Los protagonistas de las mismas son hombres y las leyendas narradas no tienen ningún carácter propiamente maravilloso, hasta el punto de que no puede excluirse que exista algún elemento histórico tanto en los personajes como en los hechos narrados. Más que creaciones fantásticas, las leyendas romanas dan la impresión de relatos exagerados. Probablemente a la formación de estas leyendas contribuyó mucho el antiguo uso romano de cantar, durante los banquetes, las alabanzas de los antepasados glorificando sus hazañas[2], y más aún la costumbre de las *laudationes* fúnebres[3], a las cuales la historia romana debe muchas amplificaciones y falsificaciones[4].

Ya en tiempos muy antiguos, por tanto, aparece clara la tendencia del espíritu romano, ajeno a la creación puramente imaginativa y prolífica en adherirse a la realidad histórica, incluso allí donde despliega sus facultades inventivas; la tendencia, es decir, no a crear un mundo subjetivo, sino a modificar o reelaborar el mundo objetivo.

---

[2]Cic. *Brut*, 75: ¡Utinam extarent illa carmina quae multis saeculis ante suam aetatem in epulis esse cantitata a singulis conviviis de clarorum virorum laudibus in Originibus seriptum reliquit Cato! Cfr. *Tusc.* IV 2,3.

[3]**NdT**: La laudatio funebris (lit. alabanza fúnebre) era la oración que pronunciaban los familiares o un orador experto especialmente designado en memoria de un difunto durante la ceremonia funeraria.

[4]Cic. *Brut.* 62: Ipsae enim familiae sua quasi ornamenta ac monumenta servabant et ad usum, si quis eiusdem generis occidisset, et ad memoriam laudum domesticarum. Quamquam his laudationibus historia rerum nostrarum est facta mendosior. Multa enim escripta sunt in esi quae facta non sunt.

Roma cautiva

Toda la historia literaria romana muestra esta tendencia hacia lo concreto, al dato, al hecho. Los romanos tuvieron, por ejemplo, una rica producción épica, pero muy diferente de la de otros pueblos. Roma carecía de poemas míticos y heroicos como la *Ilíada* y la *Odisea*, los *Nibelungos*, el *Gudrún*, los *Edda* o el *Kalevala*; la epopeya romana no es más que la narración poética de un hecho histórico, la ampliación deliberada de una serie de acontecimientos. Un ejemplo típico son los *Anales* de Ennio. Y con Ennio comienza un florecimiento de poemas históricos que se extiende a lo largo de toda la historia romana. Oscio escribió el *Bellum Istricum*, C. Accio y A. Furio los *Annales*, Cicerón el *De suo consulatu* y el *De temporibus meis*, Varrón Atacino el *Bellum sequanicum*, Vario el *De morte* (Ausgusto) y el *Panegyricum* (de Augusto), Cornelio Severo el *Bellum siculum*, Rabirio el *Bellum actiacum*, Albinovano el *De navigatione Germanici per oceanum septentrionalem*, Silio Itálico la *Punica*, Lucano la *Farsalia*. La propia *Eneida* pertenece básicamente a este mismo género.

Y cuando el romano aplica el epos al mito, se limita a imitar el epos griego y a tratar los mitos griegos: piénsese en las *Argonáuticas* de Varrón Atacino, la *Zmyrna* de Elvio Cinna, la *Io* de Licinio Calvo y la *Tebaida* de Estacio. El romano supo concebir el epos[5], pero sólo adhiriéndose a la historia, y, al no percibir la íntima contradicción, hizo florecer lo uno en lo otro.

Lo mismo ocurrió en el teatro. No existe en Roma un teatro mítico comparable a la tragedia griega. La tragedia romana, es decir, la que no rehace ni imita los modelos griegos, sino que es un producto genuino del espíritu romano —o sea, la *Fábula praetexta*— tiene contenido histórico y narrativo. Pensemos en el *Clastidium* y el *Romulus* de Nevio, en la *Ambracia* y las *Sabinae* de Ennio, en el *Paullus* y el *Brutus* de Pacuvio y, hasta cierto punto, también en las *Aeneades* de Accio, *Iter ad Lentulum* de Balbo, en el *Domitius* y en el *Cato* de Materno. Todas ellas son tragedias puramente historiográficas, en las que no existe el elemento esencial de la tragedia griega, es decir, el mito.

---

[5]**NdT**: Del latín epos, «canto épico».

Se pueden hacer una serie de observaciones absolutamente idénticas sobre el arte.

Los romanos tenían su propia pintura y escultura: la idea de que estas dos artes debieron su aparición en Roma a la influencia griega es falsa. Sin embargo, es cierto —lo que hasta ahora los historiadores del arte romano no han puesto debidamente de manifiesto— que el arte romano no tuvo antes de la influencia griega, ningún contenido mítico o fantástico, y que este contenido le vino precisamente de la influencia griega, exactamente igual que fue la misma influencia la que dio a la religión romana —y casi podríamos decir al espíritu romano— su contenido fantástico.

Hubo, en efecto, pintura romana antes de la influencia griega, pero aplicada, al igual que la épica y la tragedia, a la realidad concreta y objetiva, es decir, a la historia. Por ello, la pintura histórica, que era excepcional en Grecia —la batalla de Maratón de Polignoto, el modelo del mosaico de Alejandro y el modelo del vaso de Apulia de los persas son excepciones al fin y al cabo— se cultivó en Roma. No por amor al arte como tal, sino con fines políticos. Tal era el propósito de las numerosas pinturas conmemorativas de victorias o batallas, que se exhibían aquí y allá para la admiración del pueblo; como, por ejemplo, la pintura expuesta por M. Valerio Mesalla en el año 264 a.C. en la Curia Hostilia para glorificar su victoria sobre los cartagineses y Hierón; como la pintura expuesta por L. Escipión en los años 188 o 186 a.C. en el Capitolio, mostrando su victoria asiática; como la expuesta por L. Ostilio Mancino en el Foro, mostrando la primera incursión que los romanos hicieron en Cartago; como la escena militar que se conserva en el Palacio de los Conservadores, pintada por orden de M. Fannio y G. Fabio sobre una columna.

Esta tendencia a la realidad histórica y política —incluso podríamos llamarla «mentalidad política»— explica el amor que los romanos siempre tuvieron por los relieves históricos, aunque no sintieran la menor simpatía por los relieves mitológicos: desde la base consagrada por Paulo Emilio en el año 168 a.C. con la victoria de Pidna, hasta el *Ara Pacis*, pasando por las columnas *Trajana* y *Antonina*, a los relieves de los arcos triunfales de Tito, Septimio

Severo, Constantino, etc. E igualmente se explica la afición al retrato, muy extendido incluso antes de que existiera un arte propiamente dicho en Roma. Mucho antes de que existieran imágenes de dioses, Roma estaba llena de imágenes de hombres.

Desde los tiempos más remotos, era costumbre en Roma colocar en las casas retratos de los difuntos, que también eran llevados a los funerales, detrás del ataúd, por actores que personificaban a los antepasados. Esta costumbre, cuyo origen debió de ser muy remoto, dio origen al único arte que fue espontáneo en Roma: el retrato. Y en todas las épocas, los romanos fueron muy aficionados a los retratos y prodigaron estatuas a todo tipo de personajes con tanta facilidad que el Estado tuvo que frenarla con el tiempo. Se recuerdan estatuas de este tipo durante la época republicana: los reyes de Roma, Ato Navio, la vestal Taracia, los embajadores asesinados por los Fidenati en el año 438 a.C., Camilo, C. Mario victorioso sobre los Latinos, G. Marcio Trémulo victorioso sobre los samnitas, Duilio, P. Giunio y T. Coruncanio muertos en 250 a.C. por los Ilirios, Gneo Octavio muerto en el año 162 a.C. en Laodicea. No olvidemos las innumerables estatuas erigidas a figuras de todo tipo en la época imperial y el nuevo impulso dado a la iconografía por el culto al emperador.

De este conjunto de hechos se desprende una nota fundamental del espíritu romano que nunca se perdió: la incapacidad de pensar y representar fantásticamente. El arte tal y como lo entendemos, como actividad espiritual con un fin en sí mismo, era ajeno a los romanos. Frente a su enorme importancia en Grecia, es el desprecio absoluto con que el artista era considerado por los antiguos romanos[6], y el reproche que Catón hace en sus *Origini* al M. Nobiliore por haber llevado consigo a las provincias a Ennio[7]. Sólo esta impotencia estética explica cómo una verdadera literatura romana, antes de la influencia griega, no existía y la rápida conquista que la poesía griega hizo del espíritu romano. El antiguo romano era consciente de

---

[6]Cat, Ap. Gell., *N. A.* XI 2: poeticae artis honos non erat. Si qui in ea re studebant aut sese ad convivia applicabant, grassator vocabatur.

[7]Cic. *Tusc*, I 1, 3.

su inferioridad, pero se enorgullecía de ella. Virgilio es el verdadero intérprete de Roma en sus famosos versos:

> *Excudent alii spirantia mollius aera:*
> *credo equidem, vivos ducent de marmore voltus,*
> *orabunt causas melius, coelique meatus*
> *describent radio et surgentia sidera dicent:*
> *tu regere imperio populos, Romane, memento,*
> *haec tibi erunt artes*[8].

2 Condujo a los romanos a concebir la divinidad como una energía abstracta

La incapacidad de pensar míticamente condujo a los romanos desde el principio a lo abstracto, es decir, a considerar a los dioses como energías sin personalidad. En otras palabras, al carecer de mito, los dioses romanos carecían de historia.

El mito es la historia fantástica de las cosas, la vida que la fantasía inyecta en la naturaleza. Cualquier objeto natural adquiere vida, es decir, actúa, se mueve, obra, en el momento en que el hombre lo piensa míticamente, es decir, le inyecta una vida fantástica. En ese momento, el objeto adquiere personalidad. Una piedra no es más que una piedra, mientras la considere un objeto natural, pero adquiere una personalidad, es decir, comienza a vivir, comienza su propia historia —pues la historia no es otra cosa que la vida misma de los seres o de las instituciones— en el momento en que, sea cual sea la razón de ello, me persuado de que esa piedra es un ser animado, capaz de actuar y de reaccionar.

El animismo no es más que el resultado de este proceso de introducción del mito en la naturaleza. Y si en el animismo no

---

[8]**NdE**: Nuestra traducción propia: *Otros forjarán con más suavidad el bronce que respira, / creo en verdad que esculpirán rostros vivos en el mármol, / defenderán causas con mayor elocuencia, / trazarán con el compás los movimientos del cielo / y describirán el ascenso de los astros; / pero tú, romano, recuerda que tu misión es gobernar los pueblos con tu imperio: / estas serán tus artes.*

siempre es fácil percibir cómo este pensamiento mítico crea a las personas, en cambio es muy fácil observarlo en el politeísmo, donde los dioses son en su mayoría personas fantásticas, producidas por el replanteamiento mítico de la naturaleza.

Dada esta conexión entre mito e historia, se explica por qué los dioses griegos son tan ricos en historia. Toda la religión griega está llena de este historicismo fantástico. En cierto sentido, la mitología griega no es más que la historia del mundo, primero con las teogonías y cosmogonías, después con las diversas empresas divinas que están todas íntimamente relacionadas con el mundo y la humanidad. Los dioses griegos, especialmente los homéricos, aparecen como personalidades poderosas y precisas, de las que conocemos no sólo su nacimiento y a veces su muerte y resurrección, sino también sus hazañas, sus hijos, gustos y cualidades. Este carácter concreto y personal de los dioses griegos hizo que el mundo divino llegara a adquirir todas las características del mundo humano, de modo que la diferencia entre el hombre y la divinidad pasó a ser más de cantidad que de cualidad, y el hombre se encontró en la divinidad magnificada, intensificada e idealizada, pero igualmente verdadera.

Los dioses de la romanidad antigua eran todo lo contrario. No tenían historia. Mientras que el griego sabía cómo habían nacido sus dioses, dónde vivían y qué hacían, el romano no sabía absolutamente nada de sus dioses; no tenía ideas teológicas ni mitológicas. Por tanto, los antiguos dioses romanos carecían absolutamente de personalidad.

Tanto es así que el romano desconocía su sexo.

Incluso en épocas posteriores el romano admitía la posibilidad de ignorar el sexo de algún dios; de ahí las fórmulas prudenciales «*sive deus sive dea*»[9], «*sive mas sive foemina*»[10] que al griego le hubiera parecido teológicamente absurdo. A primera vista, en los dioses indígenas encontramos divinidades masculinas, como Júpiter, Saturno y Marte, y femeninas, como Juno, Vesta y Ceres. Pero un examen cuidadoso muestra que esta diferenciación no es mitológica, sino meramente filológica, y no contiene ninguna determinación de

---

[9]**NdE**: «Sea dios o diosa»
[10]**NdE**: «sea varón o mujer»

persona; del mismo modo que damos un nombre masculino al gas y un nombre femenino a la electricidad, sin creer que una sea femenina y la otra masculina, sino considerándolas dos energías impersonales. Los pares de deidades registrados en los libros pontificales —Lua Saturni, Salacia Neptuni, Hora Quirini, Maia Volcani, Nerio Marti[11]— son fruto de la liturgia y no de la mitología. Carecen de toda concreción y no son en absoluto comparables a las parejas del Olimpo griego, como Hefesto-Afrodita, Zeus-Hera, etc., que son uniones reales formadas mediante el matrimonio. Juno no es la esposa o compañera de Júpiter, como Hera lo es de Zeus; es una energía paralela y similar de Júpiter y nada más.

En esto, también, el romano era esencialmente diferente del griego, que, concibiendo a sus dioses concreta y antropomórficamente, siempre sabía de qué sexo era un dios dado; en efecto, al igual que el mundo humano no puede explicarse sin la diferenciación y la acción del elemento sexual, toda la mitología griega no puede entenderse sin una determinación sexual precisa de los dioses; no sólo porque nacen por generación, por el apareamiento de dioses anteriores, sino también porque el carácter femenino o masculino de las diversas deidades permanece evidente y constante en todas ellas, y determina sus acciones. Zeus, Ares, Hermes y Poseidón, son dioses claramente masculinos, del mismo modo que Atenea, Afrodita y Hera son claramente femeninas.

Tampoco la diferenciación de los nombres en masculino y femenino implica siempre una verdadera diferenciación de atribuciones; al contrario, los epítetos o nombres muestran a menudo que, en lo que se refiere a la acción, el dios masculino era indistinguible del femenino. De hecho, junto a un *Iuppiter Lucetius* había una *Iuno Lucina*, junto a *Iuppiter Rumino*, *Iuno Rumina*, a *Iuppiter Fulgur*, *Iuno Fulgens*; y en los *Indigitamenta encontramos* Statilinus y Statilina, Liber y Libera, Volumnus y Volumna, Pomonus y Pomona, Faunus y Fauna, Silvanus y Silvana, Vortumnus y Vortumna.

A primera vista, la distinción ciertamente antigua de *Genius*[12] y

---

[11]Gell, XII 23.

[12]**NdT**: En las antiguas mitologías paganas, el Genio era el espíritu, bueno o

Iuno[13] da una fuerte impresión de sexualidad. Pero lo cierto es que el concepto original del *Genius* carecía de toda idea de masculinidad. Servio[14] cuenta que en el Capitolio se consagró un escudo con la inscripción «*Genio urbis Romae, sive mas sive femina*»[15]. Por otra parte, una inscripción[16] nombra a un *Juno* de un pago donde esperaríamos un *Genius*, y Censorino informa de la creencia de que había dos *Geni*[17] en las casas matrimoniales, lo que prueba cómo originalmente se atribuía a la mujer un Genio.

Los epítetos también sirven para demostrar esta ausencia de personalidad. Si comparamos los epítetos de, por ejemplo, Júpiter y Zeus, encontramos en los griegos una concreción de la que carecen los romanos. No hay ningún epíteto romano que iguale la concreción de *patér* y *basiléus*. *Optimus* y *Maximus* están en su abstracción muy alejados de la concreción de esos dos epítetos. Roma carece especialmente de algo que corresponda a los numerosos epítetos homéricos tan ricos en acción, gesto e ímpetu, como *nephelegherétes, aighíochos, péloros, kelainephés, hypsibremétes, asteropetés, terpikéraunos, erigdupos, baryktupos, arghikéraunos, hypsistos, aitherinaios, epákrios, epópsios, panóptes, maiméktes*. *Fulgur*, *Pluvialis*, son pobres ante tales epítetos individuales y precisos. Y también entre los demás epítetos que se refieren a la acción social del dios, a su protección de los hombres, de los rebaños, o de los campos, frente a ciertos epítetos griegos como *éndendros, melósios, gheorgós, tropaíos, katapaútes*, los correspondientes *Frugifer, Feretrius, Farreus, Victor, Liberator*, son muy abstractos y generales.

Podríamos seguir dando ejemplos, pero parece inútil, tan evidente es, incluso en los epítetos, lo abstracto del pensamiento religioso romano. El romano *pensaba* en sus dioses, pero no los *veía*.

---

malo, que guiaba el destino de los hombres, y también el espíritu que tenía una ciudad o un pueblo bajo su protección.

[13] **NdT**: Juno, hermana y esposa de Júpiter.
[14] *Ad Aen*, II 351.
[15] **NdE**: «Al genio de la ciudad de Roma, ya sea hombre o mujer».
[16] Cil. V 5112: Iunoni Pagi Portunensis.
[17] Cens, *De die n*. III, 3: nonnulli bions Genios in his dumtaxat domibus quae essent maritae colendos putaverunt.

Este abstraccionismo fue la causa de que los primitivos dioses romanos cayeran tan fácilmente en desuso. Carecían de personalidad. El hombre no puede pensar en Dios como una energía impersonal; la oración o cualquier otro acto de culto y adoración requiere una persona concreta a la que dirigirse; cuanto más concretamente se piense en esta persona divina, más vívida y real será la experiencia religiosa. En el propio cristianismo encontramos a Dios definido como Espíritu, pero lo vemos invocado como Padre celestial.

3 La cual se manifiesta solo en la acción concreta

Todo esto sirve para comprender la debilidad espiritual interna de la antigua religión romana; debilidad que radicaba especialmente en esto: en que, faltando la persona, la divinidad no tenía concreción sino en la acción, es decir, en su relación concreta con el hombre.

En la fase más primitiva de la religión, esta concepción condujo a la formación de dioses *momentáneos.* Se trata de dioses que se revelan en una circunstancia excepcional, en un momento dado, y no vuelven a aparecer. Pero esto es suficiente para que el hombre sienta su existencia. Por ejemplo, en el año 390 a.C. una voz en el silencio anunció la llegada de los galos, y entonces se construyó un templo a un dios hasta entonces desconocido: *Aius Locutius.* Otro dios, Redículo, se reveló cuando Aníbal se vio obligado a retirarse de Roma, y entonces se le construyó un templo frente a la Puerta Capena.

El dios desde ese entonces *existía*; pero para que volviera a revelarse, debía repetirse la circunstancia que había provocado la revelación. Si el enemigo volvía a ser obligado a retroceder por una fuerza misteriosa, sería Rediculus quien volviera a manifestarse; si se seguía oyendo la voz misteriosa, sería *Aius Locutius* quien volviera a mostrarse[18].

---

[18]Arnobio menciona: Praestana est, tu perhibetis, dicta quod Quirinus in iaculi missione ennetorum praestiterit viribus; et quod Tito Tatio Capitolium tu

Roma cautiva

Se trata de formas excepcionales, pero útiles para comprender la formación de la antigua religión romana. Por supuesto, era raro que la acción fuera tan excepcional que nunca se repitiera; en general, esta revelación instantánea del dios se repetía según las propias circunstancias de la vida, y el dios acabó entrando permanentemente en el círculo de los asuntos humanos. Se convirtió, sin embargo, en una deidad particular y práctica que sólo se *experimentaba* en relación con la vida y las necesidades particulares del individuo.

Una objeción muy simple a tal concepción parece ser esta: que incluso en tiempos muy antiguos los romanos también adoraban a numerosas divinidades generales, como Júpiter, Juno, Vesta, etc. Pero es un hecho que estas deidades generales siempre mostraron una gran tendencia a ser particularizadas por adjetivos, como *Iuppiter Ruminus, Viminus, Fagutalis, Farreus, Lapis*, etc. Más notable es el hecho de que, al parecer, el dios general no siempre parecía suficientemente eficaz, y la invocación a éste se reforzaba invocando a una serie de dioses particulares que, por así decirlo, corroboraban la acción. Por ejemplo, en la celebración del *sacrum cereale* a Tellus y Ceres el *flamen* invocaba a toda una serie de dioses particulares que personificaban en esencia los diversos aspectos de la propia Ceres[19].

Aquí debemos detenernos un poco en el Genio, que era ciertamente una divinidad primitiva, si es que alguna vez hubo otra. De hecho, incluso el Genio era una divinidad instantánea que se revelaba, es decir, entraba en acción, en una ocasión determinada, en el momento del nacimiento; y el romano no estaba muy seguro de que existiera antes del nacimiento del hombre respectivo[20]. Y lo

---

capiat collem, viampandere atque aperire permissum est, dea l'anda est appellata vel Pantica. Ante facta haec ergo numquam fuerant numina: et nisi Romulus tennisset teli traiectione Palatium inque Tarpeiam rupem rex Sabinus potuisset accipere, nulla esset Pantica, nulla Praestana (*Adv. Nat.* IV 3).

[19] Serv. *Ad. Georg.* I 21: Fabius Pictor hos deos enumerat quos invocat flamen sacrum cereale faciensTelluri et Cereri: Vervactorem, Reparatorem, Imporcitorem, Inditorem, Obaratorem, Messorem, Convectorem, Conditore, Promitorem.

[20] Cens. *D. n.* III 1: Geniusest deus, cuius in tutela quisque natusestvivit. Hic sive quod tu genamur curat, sive quod una genitur nobiscum, sive etiam quod nos genitos suscipit ne tuetur, certo a genendo genius adpellatur.

que es aún más importante para comprender la esencia primitiva del Genio, es que esta divinidad tenía más que ninguna otra la tendencia a particularizarse, de modo que existía el Genio de cada lugar y de cada cosa[21], y en la época imperial existía el Genio de la casa, del granero, del pagus, del municipio, del *vicus*, del pueblo, de la ciudad, de la sociedad, del colegio, de la plebe, de la decuria, del ejército, del campamento, del teatro, del matadero, de la celda, de la montaña, del río, etc.

Esta tendencia a la especialización ocasional explica por qué Juno —que es el Genio femenino— nunca se especializó. La vida femenina no ofrecía tantas oportunidades para esta especialización como la masculina.

La misma tendencia muestran en la época imperial ciertas divinidades generales, que expresan mediante un adjetivo una relación especial con una persona o gente: por ejemplo, Diana Cariciana o Valeriana; Fortuna Crassiana, Flaviana, Torquatiana, *Tulliana*; Hercules *Aelianus, Cocceianus, Frontonianus, Gagillinaus, Julianus, Nerianus, Romanillianus, Silvanus, Aurelianus, Naevianus, Valentinus* y similares.

A veces, sin embargo, la deidad se especializa, relacionándola con un lugar o institución concretos, como ocurría con el Genio. Y así es como la diosa Fortuna era llamada *equestris, conservatrix horreorum,* o *balnearis, domestica, praetoria,* etc. Por otra parte, las inscripciones votivas a las diversas divinidades que contienen una acción de gracias nos muestran que la concepción era siempre particular, es decir, que la acción divina se concebía siempre en relación con un hecho o episodio concreto. En las inscripciones votivas se da gracias al dios por haber podido excavar un conducto, por haber recuperado los ingresos, por un buen trato concluido, por la curación de un caballo; nunca se encuentra la expresión de un agradecimiento general a la

---

[21] SERV. Ad. Georg. I 302: Genium dicebant antiqui naturalem deum unluscuiusque loci vel rei vel hominis. Ad. Aen. V 93: nullus enim locus sine genio est, PAUL. pág. 95: alii Genium esse putarunt uniuscuiusque loci deum. PAUD. C. Symm. II 4462: enm postis, domibus, thermis, stabulis soleatis adsignare suos Genios perque omnia membra urbis perque locos geniorum millia multa fingere, ne propria vacet angulus ullus ab umbra.

deidad como tal, sin referencia a una acción concreta. Este concepto particularista dio lugar a la «*generalis invocatio*», que solía seguir a las invocaciones particulares de los dioses individuales, y servía para suplir la posible omisión de algún dios concreto.

De esta especialización surgen, pues, los dioses particulares; la visión de la divinidad, normalmente expresada con un adjetivo, cristaliza y se determina en una verdadera divinidad particular; así, en el proceso politeísta de las atribuciones de los dioses mayores, surgen otros dioses menores como hipóstasis de ciertas cualidades de los mayores. Imaginemos que la bondad o la justicia de Dios se hipostasian como divinidades particulares llamadas Bondad y Justicia, y tendremos una idea exacta de este proceso que tan bien conocen los mitólogos.

Este proceso no tiene límites, porque puede operar con cualquiera de las innumerables actividades atribuidas a la divinidad; cuanto más fuerte sea la tendencia al particularismo, más numerosas serán las hipóstasis. Pero en este punto el proceso difiere según la concepción de la divinidad sea concreta o abstracta. Si la divinidad se concibe como una persona concreta, entonces esta permanece, y junto a ella, como planetas alrededor del sol, se forman los dioses menores, que mitológicamente se consideran hijas o ministras del dios mayor; es el caso de Zeus. Pero cuando la deidad se concibe de forma abstracta, entonces no hay *persona* sino sólo *actividades*, que a su vez se convierten en deidades. Así se forman dioses particulares temporales u ocasionales, cuya realidad está ligada a un *momento* dado, que se repite y constituye sólo la vida del dios. Antes y después de él, el dios existe ciertamente, pero no se revela, porque falta, por así decirlo, la competencia; y el hombre que sabe esto, ni siquiera lo invoca, porque sabe que el dios no respondería.

Toda la vida se subdivide así en una serie de momentos, épocas o acciones, a cada una de las cuales corresponde un dios. Cuando surge una nueva necesidad, que queda fuera de la competencia de los dioses conocidos hasta entonces, se recurre a un nuevo dios que asume el patrocinio de la nueva necesidad. Así, cuando las monedas de bronce empezaron a conocerse en Roma, el dios Esculano fue destinado a esta nueva actividad; del mismo modo, el dios Argentinus se reveló, cuando se empezaron a acuñar monedas de plata.

Este es el proceso de formación de los dioses *Indigitamenta*, que representan la fase más antigua del pensamiento religioso romano.

Se dudaba de que los *Indigitamenta* representaran la religión romana primitiva, y se pensaba que eran el resultado de una elaboración teológica tardía de los pontífices. Ciertamente, no hay razón para negar que éste haya podido ser el caso, pero sería absurdo sostener que el contenido de los *Indigitamenta* no es antiguo y muy próximo a la fase primitiva de la religión. Aparte del espíritu de los mismos, esto es evidente por la sorprendente similitud que muestran los dioses de los *Indigitamenta* con diversas formas de la religión primitiva. Para los indígenas Ewé[22], por ejemplo, todo esconde o contiene un dios; el cielo, el sol, la luna, las estrellas, la niebla, los relámpagos, el calor, la tierra, los ríos, las colinas, los nidos de termitas, los árboles, los bosques, los animales y las propias herramientas fabricadas por el hombre. En las islas malayas también abundan los dioses locales, de los árboles, de los ríos, de los volcanes, del mar, así como dioses particulares, cuyas funciones vienen determinadas por las necesidades de los hombres. Hay un dios que protege a los niños, otro que cura las enfermedades, un tercero que trae la lluvia, un cuarto que hace fértiles los campos, un quinto que procura la riqueza, etc. Los indígenas Ashanti (África Occidental) creen en los dioses de la luz, del fuego, del océano, del arco iris, de la guerra, de los mercaderes, de la seda, del algodón, de los árboles venenosos, de la viruela, de la discordia, de la sabiduría, etc.

Incluso con las deidades populares lituanas, los dioses de los *Indigitamenta* muestran sorprendentes similitudes.

Así pues, los *Indigitamenta* representan la forma más antigua de religión romana, es decir, anterior a la formación de los antiguos dioses romanos.

¿Qué son los *Indigitamenta*?

---

[22]**NdT**: Población de África occidental, asentada en la zona sureste de Ghana, sur de Togo y Suroeste de Benín.

Indigitare significa invocar[23]; los *Indigitamenta* eran una especie de breviario contenido en los libros pontificales, donde se fijaban los nombres de los dioses y las ocasiones en que debían ser invocados. Fueron muy utilizados por M. Terencio Varrón, quien en sus dieciséis libros *Rerum divinarum* expuso la antigua religión romana siguiendo una tendencia conservadora, es decir, oponerse a las religiones bárbaras y exóticas que amenazaban con sofocar la religión antigua. Y para ello utilizó ampliamente los libros pontificios y los *Indigitamenta*. De la obra varroniana, aparte de los fragmentos que nos quedan en ciertas referencias de Servio, el comentarista de Virgilio, quedan amplios resúmenes en la *Civitas Dei* de San Agustín, así como noticias y recuerdos en Arnobio y Tertuliano, de modo que la controversia patrística, cumpliendo su propósito de exponer al ridículo a estas antiguas divinidades, nos ha transmitido noticias de ellas.

Los *Indigitamenta* nos presentan una serie de dioses en paralelo al desarrollo de la vida humana, pues los actos humanos individuales están presididos por dioses individuales[24] que intervienen en todos los asuntos y en todo momento[25], administrando la vida humana cada uno por la parte que le corresponde y nunca durante toda la vida[26]. Así, Varrón fue capaz de enumerar uno tras otro los dioses que presiden la vida humana, desde el nacimiento hasta la muerte, y luego los que presiden las cosas del hombre, especificando el oficio de cada uno de ellos y el fin por el que se debe suplicar[27]. Estos

---

[23] MACROB. I 17: Virgines Vestales ita indigitant: Apollo Medice, Apollo Paian.

[24] SERV. *Ad Aen.* II 141: pontifices dicunt singulis actibus proprios deos pracesse, hos Varro certos deos appellat.

[25] PLIN. *N. h.* XXVIII, 27: ómnibus negotiis horisque interesse credebant deos.

[26] CENS. *D. n.* III 2: homium vitam pro sua quisque portione adminiculantes... omnes hi semel in uno quoque homine numinun suorum effectum repraesentant, quo circa non per omne vitae spatium novis religionibus arcessuntur.

[27] AUG. *Civ. D.* VI 9: ipse Varro commemorare et enumerare deos coepit a conceptione hominis quorum numerum est exorsus a Iano, eamque seriem usque ad decrepiti hominis mortem, et deos ad ipsum hominem pertinentes clausit ad Neniam deam, quae in funeribus sennum cantatur: deinde coepit deos alios ostendere qui pertinent non ad ipsum hominem sed ad ea quae sunt hominis, sienti est victus atque vestitus, quaecumque alia huic vitae sunt necessaria,

dioses no tienen personalidad propia: esta les viene de su propia acción. Por eso sus nombres son *nomina agentis*, es decir, no tienen un origen mitológico sino práctico[28].

Toda la vida humana se desarrolla, pues, bajo la protección sucesiva de numerosos dioses. Antes incluso de que el hombre nazca, los dioses comienzan a socorrerlo y a cuidarlo. *Vitumnus* le da la vida mientras aún está en el cuerpo de su madre, mientras Sentinus le proporciona sensaciones y Alemona lo alimenta. Cuando llega el momento del nacimiento, Portula preside el alumbramiento, y Nona si ocurre en el noveno mes, y Decima si ocurre en el décimo. Numeria se encarga de que el nacimiento se produzca en el día exacto. Candelifera está presente cuando se enciende la vela ritual, Egeria ayuda a la madre: Prorsa y Postverta se ocupan de la posición del bebé, Opis le ayuda, *Pilumnus*, *Picumnus*, Intercidona y Deverra defienden al recién nacido de las influencias malignas con diversos ritos, Vagitanus llega al primer llanto. Y en ese momento llegan Geneta Mana, que defiende de la muerte a todo lo que nace, y Fada Scribunda, que fija el destino del nuevo ser. Cuando llega el momento de levantar al bebé del suelo, llega Levana; y Edusa está presente cuando se le hace comer, y Potina cuando bebe; Rumina preside su amamantamiento, Paventina vigila sus terrores, Cuba lo defiende en el acto de colocarlo en la cuna, Cumina lo protege, Ossipaga endurece sus huesos, Carna su carne, Stabilinus le ayuda a mantenerse en pie, Fabulinus y Farinus le enseñan a hablar, Abeona le protege cuando sale de casa por primera vez, Adeona le trae de vuelta.

Cuando el niño ha crecido y se ha convertido en un joven, le suceden otros dioses, que en lugar de enseñarle a andar y a hablar, le enseñan a hacer sus primeras tareas y a ser sensato: Iterduca le

---

ostendens in omnibus quod sit cuiusque munus et propter quid cuique debeat supplicari. Cf. TERT. *Ad. Nat.* II 19.

[28]SERV. *Ad. Georg.* I 21: nomina haec numinun in indigitamentis inveniuntur, id est in libris pontificalibus, qui et nomina deorum et rationes ipsorum nominum continent, quae etiam Varro dicit: nam... nomina numinibus ex officiis constat imposita, verbi causa tu ab occatione deus Occator dicatur, a sarcitione sarcitor, a stercoratione Sterculinius, a satione Sator.

protege cuando sale de casa, *Domiduca* cuando vuelve, *Mens* le da buenos pensamientos, *Catius pater* le da prudencia, *Consus* y *Sentia* buenos consejos y buenos juicios, *Volumnus* buena voluntad, *Stimulus* y *Divus Peta* le animan, *Agonius* y *Sternia* le dan fuerza, *Numeria* le enseña a contar, *Camena* a cantar, *Paventina* a ahuyentar el miedo, *Venilia* a cumplir esperanzas, *Volupia* y *Lubentina* a cumplir justos deseos, *Juventa* protege la juventud.

Y si se casa, aquí le protege *Afferenda*, la diosa que preside la dote; *Jugatinus* preside el matrimonio, *Domiduca* lleva a su novia a casa, *Virginiensis* afloja la faja, *Subigus*, *Prema*, *Pertunda*, *Venus*, cada uno a su manera, ayudan al matrimonio, *Manturna* ayuda a la fidelidad de su esposa, *Viriplaca* calma los caprichos de su marido. Y cuando, anciano, se queda viudo y solo, ahí está *Viduus* a su lado; y si se queda ciego, tendrá cerca a *Caeculus*; y en el momento de la muerte, *Orbana*, la diosa *Mortis*, *Morta*, *Odoria* y *Libitina* estarán a su lado, mientras *Nenia* cantará el canto fúnebre.

Así, poco a poco, toda la vida es protegida, regulada e inspirada por innumerables dioses que aparecen en el momento oportuno, actúan y desaparecen, dando paso a otros.

Así, Varrón pudo enumerar toda la serie de dioses que presidían los diversos momentos de la vida humana, desde Jano hasta Nenia, que cerraba la serie[29].

Y todo lo que rodea al hombre, todo lo que hace, está bajo la jurisdicción de numerosos dioses. El umbral de su casa está protegido por *Forculus* y *Lima*, las bisagras de la puerta por *Cardea*, el umbral por *Limentinus*, el cofre por *Arculus*; el propio horno, del que salieron las tejas de su casa, tiene su propio dios, *Lateranus*. Si va al campo debe recordar que *Rusina* protege los campos, *Jugatinus* y *Montinus* las montañas, *Collatinus* las colinas, *Vallonia* los valles, *Ascensus* y *Clivicola* las laderas, Nemestrinus los bosques, *Pomona* los frutos, *Flora* las flores, *Volturnus* el río, *Pales* los pastos; si va hacia el Vaticano recordará que está protegido por el dios *Vaticanus*, si hacia el Aventino pensará en el dios *Aventinus*; si se encuentra con terneros pensará en *Bubulcus*.

---

[29] Varr. ap. Aug. *Civ. D.* IV 9.

Y supongamos que es agricultor: ¡con cuántos dioses tendrá que tratar desde que ara la tierra de su campo hasta que puede llevar su grano al molino! *Sterculinius* presidirá la fertilización, *Imporcitor* le ayudará a marcar el surco, *Vervactor* dirigirá el primer arado, *Redaractor* el segundo, *Orcator* le ayuda a segar, *Subruncinator* a escardar, *Sator* e *Insitor* a sembrar. Y he aquí *Mesías*, *Semonia* y *Segesta*, así como *Frugeria*, que presiden las cosechas: las cuales, mientras están aún en la tierra, son protegidas por *Seia*, y cuando empiezan a brotar, por *Segetia*. Luego, cuando la planta crece, está *Nodutus* guardando los tallos que atan los nudos, *Patellana* que interviene cuando los folículos eclosionan para dar paso a la espiga, *Volutina* que preside las hojas de los folículos, *Lactans* y *Lacturnus* que protegen el grano cuando la espiga se vuelve lechosa. Hostilinia es la diosa de las espigas, cuando las hojas nuevas están parejas, *Messor* preside la cosecha, *Runcina* le sucede después de la cosecha, cuando las espigas aún están en la tierra, y finalmente *Convector* ayuda a transportar el grano al granero, y *Conditor* asiste a los que lo ponen allí, y *Promitur* viene cuando se la lleva al molino, y *Mola* supervisa la molienda.

Este era el mundo divino del romano primitivo, en el que la divinidad se descomponía en infinitas partes alícuotas, correspondientes a los innumerables accidentes de la vida[30].

De todos estos dioses no importa la persona, sino la acción.

Esta mentalidad es más evidente en el que fue sin duda el más fiel intérprete de la antigua religión romana, M. Terencio Varrón. En efecto, distribuyó la temática de sus dieciséis libros *Rerum divinarum* de la siguiente manera: en el primero se ocupó de los pontífices, en el segundo de los augures, en el tercero de los quindecenviros[31], en los tres siguientes de los lugares de los edificios sagrados, en los otros tres de las fiestas públicas, en otros tres trató de los sacrificios públicos y privados, y finalmente en los tres últimos de los dioses ciertos e inciertos[32]. En otras palabras, Varrón distribuyó su material

---

[30]Plin. *H. n.* XXVIII 27: ómnibus negotiis horisque interesse credebant deos.
[31]**NdT**: Magistrados propuestos para custodiar los libros sibilinos.
[32]Aug. *CIV. D.* VI 3.

exactamente al revés de lo que haría un teólogo cristiano: puso en último lugar lo que para nosotros debe ser lo primero, el discurso sobre la naturaleza de los dioses, y lo precedió, considerándolo evidentemente más esencial, por todo lo referente a ritos y cultos. De hecho, Varrón no estimaba ni lo que él llamaba *theologia mythica*, que consistía en el conjunto de mitos narrados por los poetas, ni lo que él llamaba *theologia physica* o, en otras palabras, la doctrina enseñada por los filósofos sobre la naturaleza de los dioses. En cambio, valoraba lo que llamaba *theologia civilis*, es decir, lo que, en otras palabras, debían saber hacer los ciudadanos y, sobre todo, los sacerdotes[33]. Por tanto, valoraba la acción y despreciaba la especulación.

Esta mentalidad era completamente distinta de la de los griegos. Para éstos, la persona divina se consideraba real y nunca se olvidaba. Por el contrario, los griegos la acentuaban e intensificaban mediante el antropomorfismo; y los diversos momentos o actos de la divinidad, que los romanos hipostatizaban en dioses impersonales, eran expresados por los griegos con adjetivos. Entre los atributos de los dioses griegos hay muchos que contienen la sustancia de los antiguos dioses romanos[34], con la diferencia de que detrás de estos atributos hay una personalidad divina constante, mientras que detrás de los dioses de los *Indigitamenta* falta esta personalidad. Y por ello, la acción no se refiere a una persona; está sola, aislada, y en ella se agota toda la vida religiosa. Al carecer de la posición típica de toda experiencia religiosa, a saber, el dualismo, el hombre ante Dios, la religión se centra en la acción.

---

[33] AUG. *CIV. D.* VI 5.
[34] Por ejemplo, Adeona y Abeona están contenidas en (Apolo) ἐκβάσιος y ἐμβάσιος; Cardea Limentinus y Forculus, en (Apolo) θυραῖος en (Hermes) στροφαῖος o en (Hermes) πυλαῖος o en (Artemisa) προπύλαια: Bubona en (Apolo) ποιμένιος, νόμιος o ἐπιμήλιος: Flora en (Hera) ἀνθεία; Iugatinus en (Hera) ζυγία, o γαμηλία. Pecunia en (Hermes) κερδῷος, Consus en (Artemisa) ἀριστοβούλη o en (Atenea) βουλαία, Frugeria en (Demetria) εὔκαρπος; Messiah o Messor en (Demetra) ζείδωρος o ἀμαλλοφόρος; Mola Conditor y Convector en (Demetra) ἀλωάς, y así sucesivamente.

4 De ahí la concepción de la relación con dios como acción

Esta es la razón profunda del ritualismo romano. No hay que confundirlo con lo que vulgarmente se llama «mojigatería», porque éste tiene unos orígenes completamente distintos. Es decir, deriva de la concepción de que el rito repetido varias veces adquiere mayor eficacia; que, por ejemplo, confesándose a menudo o yendo a misa todos los días se puede obtener más fácilmente la salvación. El romano estaba lejos de esta idea; sólo creía que cumplir el rito con exactitud era necesario, porque fuera del rito no tenía vida religiosa. El beato puede seguir siendo religioso curándose de su beatería, pero el romano perdía por completo su religión si se apartaba del rito.

La religión romana no era más que práctica: nunca tuvo ningún contenido teórico, ni ética ni metafísica; nunca poseyó, ni quiso poseer, un complejo de doctrinas sobre Dios, el mundo o el hombre: se agotaba, pues, en el rito. Fuera del rito, no había religión, ni buena ni mala, ni verdadera ni falsa. Ser religioso o ser practicante era lo mismo.

En definitiva, el romano identificaba religión y culto. El término *religio* no define una estructura espiritual particular como entendemos en el caso de la religión cristiana o la griega, sino que define ante todo una relación práctica particular con la divinidad; es decir, tiene el contenido exacto del *culto*. En otras palabras, lo que para la conciencia religiosa moderna —me refiero a la conciencia religiosa tal como la ha configurado el cristianismo— no es más que la expresión de una experiencia, para los romanos era la experiencia misma. Se podría elucidar paradójicamente esta coincidencia de religión y culto planteando que el lenguaje, en lugar de ser una expresión del pensamiento, fuera en sí mismo, como lenguaje, pensamiento.

Con lo cual no se afirma que los romanos no fueran religiosos. Los antiguos afirmaban unánimemente y con razón que los romanos eran muy religiosos[35]; en Roma no hay el menor rastro de la típica mala

---

[35] SALL. Cat. 12: nostri maiores, religiosissimi mortales; GELL II 28,2: veteres

costumbre griega de burlarse de la religión de la patria, mofándose de sus dioses. Pero su religiosidad era una acción ritual y cultual, no un momento espiritual; y todas las consideraciones sobre la religiosidad romana que los historiadores suelen repetir, no afectan en lo más mínimo a esta inmensa distancia entre la conciencia romana y la nuestra.

Para el romano, por tanto, ser religioso significaba ante todo saber lo que se debe y lo que no se debe hacer[36]; de ahí que Servio caracterice con razón la religión romana diciendo que los antiguos romanos situaban toda la religión en la *experiencia*, es decir, en la práctica[37]: y Lactancio define acertadamente la religión romana como la que no busca la verdad, sino que sólo cumple con el rito[38]; y Cicerón en otras palabras dice lo mismo cuando afirma que es necesario creer en los antepasados incluso sin dar una razón[39]. Cumplir el rito con exactitud es, por tanto, ser religioso[40]; quien exagera o falsea el rito, se sale de los límites de la religión, por muy plena y sincera que sea su intención, y cae en la *superstitio*.

El concepto romano de superstición distaba mucho del nuestro. Para nosotros, la diferencia entre superstición y religión es *cualitativa*; para el romano, sin embargo, la diferencia era *cuantitativa*; para él, se caía en la superstición simplemente *exagerando* la religión, es decir,

---

Romani... in constitnendis religionibus atque in dis immortalibus animadvertendis castissimi cautissimique; Cic. De har. resp. IX 19: pietate ac religione atque hac una sapientia, quod deorum numine omnia regi gubermarique perspeximus, omnes gentes nationesque superavimus.

[36] Fest. ap. Macr. III 3,10: religiosi sunt qui facienda et vitanda discernunt, Cic. De Nat. d. I 117: Horum (Diagora y Protagora) enim sententiae omniun non modo superstitionem tollunt, in qua inest timor inanis deorum, set etiam religionem, quae deorum cultu pio continetur.

[37] Serv. Ad Georg. III 456: Maiores enim expugnando religionem, totum in experientia collocabant.

[38] Lact. Inst. divin. IV 3: Nec habet inquisitionem aliquam veritatis sed tantummodo ritum colendi.

[39] Cic: Nat. d. III 2,6: maioribus autem nostris etiam nulla ratione reddita credere.

[40] Cic. N. d. I 41, 116: sanetitas autem scientia colendorum sacrorum. Cfr. Tib; II 1, 13: *Casta* placent superis: *pura* cum *veste* venite.

el culto. Cicerón establece muy claramente esta distinción[41]; y lo mismo hace Nigidio Fígulo, comentando una sentencia antigua, pone lo que llamamos «superstición» en exceso; es decir, en *cantidad*[42]. De modo que lo que llamamos «*superstición*», es decir, practicar sin dar a la práctica un contenido espiritual y considerándola como un fin en sí misma, correspondía en cambio a lo que los romanos llamaban *religión*, y la superstición en el sentido romano de la palabra era lo que nosotros llamaríamos *superstición excesiva*. Por poner un ejemplo, alguien que asistiera a misa todos los días únicamente para cumplir con la prescripción católica sin entender nada al respecto, convencido de que con sólo asistir a ella se procura la ayuda de Dios, sería religioso según los romanos, y sólo se volvería supersticioso si creyera que le iría mejor asistiendo a muchas misas al día.

Reducida a rito, la religión no podría tener un contenido universal, sino sólo un valor *particular*, vinculada a una forma histórica específica de acción religiosa. Y mientras nosotros distinguimos la religión romana de la cristiana, en la medida en que representan dos momentos espirituales diferentes implementados en dos formas históricas específicas, tenemos un concepto general de la religión como actividad del espíritu, el Romano hablaba de una determinada *religión*, refiriéndose a un determinado complejo histórico de ritos y cultos, es decir, refiriéndose a determinadas *liturgias*. De ahí el uso muy común, y a primera vista muy extraño, de la palabra religión en *plural* para *indicar complejos rituales*. Así, Cicerón[43] hace hablar a Lucilio de los arúspices y cita ejemplos de personas que descontaron la burla de los dioses o los auspicios en su perjuicio, y concluye que es

---

[41]Cic. *Nat. d.* II 71 s: Non philosophi solum, verum etiam maiores nostri superstitionem a religione separaverunt. Num qui totos dies praccabantur et immolabant, uti sui sibi liberi superstites essent, superstitiosi sunt appellati:quod nomen postea latius patuit. Qui antem omnia, quae ad cultum deorum pertinerent, diligenter retractarent et tamquam relegerent, sunt dicti religiosi ex relegendo.

[42]Nigid. ap. Gell. IV 9: Hoc inclinamentum semper huiuscemodi verborum ut vinosus, mulierosus, religiosus, nummosus, signat copiam quandam immodicam rei, super qua dicitur. Quocirca religiosus is appellabatur qui nimia et superstitiosa religione sese alligaverat.

[43]Nat. d. II 7 s.

manifiesto que el Estado se beneficiaba de aquellos «*qui religionibus paruissent*», entendiendo por tales los ritos arúspices o ancestrales en general. Y el propio Cicerón, después de hablar extensamente de la reforma de Numa, concluye[44] «*sic religionibus colendis operam dedit*»; y en otros lugares habla incluso de las *religiones femeninas*[45]. De ahí que Plinio pueda hablar de una ciudad dedicada a las *religiones*[46], y Tácito diga que Numa frenó al pueblo con las religiones[47], y Macrobio hable *de las religiones de los antepasados*[48].

5 La sobrevaloración del rito

Habiendo identificado la religión con la práctica, es lógico que el mismo cuidado que ponemos nosotros en satisfacer las exigencias de nuestra conciencia religiosa lo ponga el romano en cumplir el rito. De ahí que desde sus orígenes el rito aparezca fijado con minucioso cuidado[49], y que la religiosidad consista en observarlo escrupulosamente.

Este triunfo del rito significaba que toda la vida religiosa estaba minuciosamente regulada. Así como en otras religiones se enseña a creer, en la religión romana se enseña a practicar; y así como en otras religiones hay ideas verdaderas y falsas sobre la divinidad, con los romanos había ritos verdaderos y ritos falsos. Así se formó el *ius sacrum*, es decir, un rito tradicional fijo, que coincidía con

---

[44]Cic. Rep. 11 27.

[45]Cic. De domo 10 s: Ut non putares deos satis posse placari, nisi etiam muliebribus religionibus te implicuisses.

[46]Plin . Paneg. 74: Civitas religionibus dedita.

[47]Tac. Ann. 3,26: Numa religionibus et divino iure populum devinxit.

[48]Macr. III 8,9: Mos est institutum patrium pertinens ad religiones caerimoniasque maiorum.

[49]Liv: I 20,5: Pontificem deinde Numan Marcium, Marci filium, ex patribus legit, eique sacra omnia ex scripta adsiguataque attribuit: quibus hostilis, quibus, diebus, ad quae templa sacra fierent... Nec coelestes modo cerimonias sed iusta quoque funebria, placandosque manes, ut idem pontifex educeret. Cfr. Dionys, Hal. II 63,2. Cic. Rep. II 14,27: (Numa) sacrorum antem ipsorum diligentiam difficilem apparatum perfacilem esse voluit.

la religión, y como tal no podía modificarse en ningún detalle sin destruir la relación con el dios, inherente a la propia realización del rito[50]. La más mínima infracción del *ius sacrum*, incluso si por falta de atención —o si se interrumpía al flautista o si el niño se olvidaba de sujetar la correa de la víctima[51]— se creaba un *piaculum*[52], con la consecuencia de que había que repetir toda la ceremonia. Si el culpable y el *piaculum* hubiera cometido el error voluntariamente, entonces su relación con la divinidad se rompería para siempre, quedaba fuera del *ius divinum*, *impius* y sujeto al castigo divino; si el piaculum era involuntario, entonces la relación se restablecía con un sacrificio expiatorio.

El rito romano estaba así dominado por una especie de terror al error. El sacrificio romano era una casuística aplicada a la religión, que recordaba la casuística medieval según la cual la comunión no era válida si la hostia se pegaba al paladar o no se deslizaba, o si el comulgante dudaba al pronunciar las palabras «*hoc est corpus meum*». Pero el ritualismo romano carecía del concepto de pecado: el Romano no sentía arrepentimiento si había cometido algún error en el rito, sino que simplemente lamentaba que «el asunto» hubiera salido mal, es decir, que debido a una simple distracción el sacrificio fuera nulo. Tan cierto es esto que el *piaculum* no se hacía después de haber cometido el error, sino antes de cometerlo.

Había toda una casuística preliminar respecto a las víctimas.

---

[50]CIC. *Lég.* II 11,27: Iam ritus familiae fratumque servare id est, quoniam antiquitas proxume accedit ad deos, a dis quasi traditam religionem tueri; LIV. VI 41: nunc nos, tamquam iam nihil pace deorum opus sit omnias caerimonias polluimus. Valerio Máximo (I 1.8) atribuye la fortuna de los romanos a su escrupulosidad ritual. Según una leyenda conservada por Capurnio Pisone, Tullo Ostilio fue fulminado por violar el ritual en un sacrificio: (PLIN. *N. h.* XXVIII 14).

[51]CIC. *Harusp. Resp.* XI 22: An si ludius constitit aut tibicen repente contienit aut puer ille patrimus et matri mus si tensam non tenuit, si lorum omisit, aut si aedilis verbo aut simpuvio aberravit, ludi sunt non recte facti eaque errata expiantur et mentes deorum immortalium ludorum instauratione placantur. Cfr. ARNOB. *Adv. Nat.* IV 31.

[52]SERV. *Ad. Aen.* IV 646: sciendum si quid cerimoniis non fuerit observatum piaculum admitti. **NdE**: El término «Piaculum» se traduce como «expiación».

Se dividían en *hostiae*, es decir, ganado menor, y en victimae, es decir, ganado mayor. Las *hostiae* eran mayores que las *victimae*. Las *victimae* también se dividían en *lactentes* y *maiores*. Las primeras sólo podían sacrificarse transcurrido cierto tiempo desde el nacimiento: el cerdo a los cinco días, el cordero a los siete, el ternero a los treinta, y tenía que estar desarrollado hasta el punto de alcanzar con el extremo de la cola la articulación superior del pie. Cuando el ternero tenía dos filas de dientes entraba en la categoría de los *bidentes* o *ambidentes*, dejaba de pertenecer a los lactantes y entraba en los maiores.

Los animales machos se sacrificaban a los dioses y las hembras a las diosas, y según los dioses se prefería uno u otro animal, como era costumbre en Grecia. El sacrificio iba precedido de una oración, que era ineficaz si el cuerpo y el alma no estaban puros, si los recipientes, los utensilios, las víctimas no estaban puros y limpios. Todo debía ser puro y agradable al dios. Por eso, antes del sacrificio, había que bañarse en agua corriente, o al menos lavarse las manos y los pies; y quien tuviera contacto con cosas impuras, como un cadáver, debía purificarse con azufre, laurel y fuego.

Durante la oración era necesario que los presentes guardaran absoluto silencio, para que ninguna palabra descuidada pudiera dar malos augurios. Y había que tener mucho cuidado en la recitación de las oraciones para evitar distracciones; con este mismo fin, las oraciones utilizadas en los sacrificios públicos eran formuladas por los pontífices y fijadas en rituales. Algunas de ellas eran largas letanías antiguas, a menudo incomprensibles, como los cantos de los Saliares y los Hermanos Arvales, y debían recitarse palabra por palabra; el sacrificio era nulo si se pronunciaba mal una sola palabra. Esto debían evitarlo los magistrados que tenían que recitar la oración, la hacían sugerir a alguien que la leyera, y los sacerdotes sostenían en la mano el texto escrito de la oración. Y el flautista tocaba su instrumento a todo volumen durante el sacrificio, para que no se oyera ninguna palabra poco propicia que pudiera estropear el efecto de la ceremonia.

Esta enorme miseria espiritual, digna de una tribu primitiva, también estaba en pleno uso durante la época imperial[53]. Durante la oración, los sacrificadores tocaban el altar con las manos, pues de lo contrario el sacrificio no habría sido agradecido a los dioses. Tras la oración, los oficiantes se colocaban una mano sobre la boca (*adoratio*) y giraban de izquierda a derecha, o de derecha a izquierda, o rodeaban el altar. La menor irregularidad exigía un *piaculum*, o sacrificio expiatorio; y los sacrificios solemnes eran precedidos un día antes por un *piaculum* para obtener la indulgencia de los dioses por cualquier error.

La víctima era conducida al altar adornada con *infulas* y *vitta*[54], con cuernos de oro, y en las ceremonias de lustrales[55] era conducido por una persona cuyo nombre era de buen augurio. Si el animal se resistía o huía, el sacrificio era nulo: si, por el contrario, acudía voluntariamente, se le consagraba mediante la *immolatio*, es decir, se rociaba su cabeza con salsa y una copa de vino; a veces incluso se arrojaban al fuego algunos pelos de la cabeza. La víctima se mataba con el hacha si era un buey, con el mazo si era un ternero, con el cuchillo si era ganado pequeño. No la mataban los sacerdotes, sino los ministros, que luego la troceaban: se quemaban ciertas partes específicas y el examen de los arúspices se hacía en el hígado, la vesícula, los pulmones, el corazón y la membrana intestinal.

El examen de las vísceras iba precedido de una pregunta al dios, para saber si el sacrificio había sido de su agrado: y si las vísceras eran normales, los arúspices respondían afirmativamente. A continuación se examinaban las vísceras y, si el resultado era favorable, se preparaban para ofrecerlas en el altar, hervidas o asadas. En cualquier caso, la preparación era muy complicada, porque había que preparar un plato especial con varias piezas combinadas entre sí,

---

[53]PLIN. *H. n.* XXVIII 2: Ne quid praetereatur aut praeposteraum dicatur, de scripto praeire aliquem rursusque alium custodem dari qui attendat, alium vero praeponi qui faveri linguas iubeat: tibicinem canere ne quid aliud examdiatur.

[54]**NdT**: En la antigua Roma, venda más o menos adornada que llevaban en la cabeza. También llevaban vendas de diversos tipos, con una función sacra, las vestales, las arvales y los miembros de otros colegios sacerdotales, y también se utilizaban para adornar las víctimas sagradas y los objetos de culto.

[55]**NdT**: Ceremonia de purificación.

y embutidos y condimentos, y de enorme minuciosidad. Había *dies intercisi*, llamados así por el largo intervalo de tiempo que transcurría entre la matanza de la víctima y la ofrenda del plato. Si se mataba al animal por la mañana, la ofrenda sólo podía tener lugar por la noche.

Este era el sacrificio romano. Terrible carga de terror y escrúpulos, que debía contribuir no poco a la degradación de la religión con su insoportable tiranía. Ceremonia pesada y lóbrega que ningún elemento artístico levantaba, como ocurría en Grecia; el flautista estaba tocando sólo para evitar que se oyeran palabras inoportunas y no para acompañar la ofrenda con música. Sin embargo, algo muy grande subyace bajo este ritualismo pesado y sombrío: la fidelidad, el mantenimiento de la fe en el pacto, el respeto a la tradición una vez aceptada, la certeza de que quienes observan la tradición están en la verdad.

El ritual sustituía a la fe. Y del mismo modo que los que son verdaderamente religiosos dejan que la fe entre en todos sus actos, los romanos, que eran muy religiosos, dejaban que el rito entrara en todo. El día de los Romanos estaba lleno de ritos. El rito más importante era la ofrenda diaria de vino, incienso y coronas al *Lar*[56]. El romano no emprendía nada sin antes hacer su ofrenda a los dioses, por lo que ni siquiera él creía poder comer sin hacer partícipes a los dioses de su comida mediante una ofrenda[57]. Característica de ello era la costumbre de ofrecer una parte de la comida a los dioses domésticos y esperar a que el sirviente regresara anunciando «*deos propitios*». Varrón[58] coloca entre los deberes de un ciudadano enviar una ofrenda de carne a los dioses en un plato. Catón prescribe[59] que el dueño, al ir al campo a visitar sus tierras, salude en primer lugar al *Lar* familiar; y unos siglos más tarde Columela repite lo mismo[60]. Cada ocasión servía para hacer un sacrificio a los dioses domésticos; incluso la cosa más pequeña que estuviera prohibida en

---

[56]**NdT**: Dioses del hogar; divinidades protectoras, almas de los antepasados.
[57]SERV. *Ad. Aen.* I 730.
[58]NON, 544, I.
[59]CAT. *R. r.* 2.
[60]COL. *R. r.* I 8.

los días de fiesta requería primero un sacrificio[61]. Con el imperio, a esto se añadió el culto imperial; un consulado senatorial ordenó que en los banquetes públicos y privados todos rindieran homenaje a Augusto[62]. Ovidio celebraba todos los días una ceremonia doméstica en honor de César, junto con su hijo y su esposa[63]; Horacio habla de invocaciones matutinas y nocturnas a la salud de Augusto[64].

En el fondo, toda la religión romana aparece a la conciencia moderna como una superstición colosal, y así aparecía a veces también a los antiguos. Polibio[65] dice que lo que es un reproche entre otros pueblos, es decir, la superstición, tenía con los romanos una gran importancia y había penetrado en su vida pública y privada hasta tal punto que no podían ir más allá.

Hacia arriba, desde los asuntos más humildes y sencillos, el ritualismo invadió los asuntos más serios del Estado y se convirtió en el verdadero regulador de toda la vida social, donde las minucias del rito trajeron enormes contratiempos. Plutarco cuenta en la *Vida de Marcelo* que al principio de la guerra contra los galos los Romanos no tuvieron suerte hasta que C. Quincio Flaminio y P. Furio Filón fueron nombrados cónsules y enviados contra los galos con grandes refuerzos. Entonces ocurrieron varios prodigios, y los augures anunciaron que las reuniones en las que habían sido elegidos los dos cónsules se habían celebrado de forma irregular y que el nombramiento no era válido. Inmediatamente se enviaron órdenes a los cónsules para que regresaran a Roma y depusieran el cargo y no emprendieran nada contra el enemigo en su calidad de cónsules. Flaminio no obedeció, hasta que hubo vencido al enemigo y devastado el territorio; pero cuando regresó cargado de presas, se le negó el triunfo y se le privó de su cargo. Otros dos cónsules fueron nombrados en lugar de Flaminio y Filón, Escipión Nasica y C. Marcio. Cuando ya habían partido para el campamento, se comprobó, consultando los libros pontificales, que el cónsul al extraer auspicios debía alojarse en una tienda o casa

---

[61] Col. *R. r.* II 22.
[62] Dio C. 51,19.
[63] Ov. *Ex Ponto* IV 9,105.
[64] Hor. Carm, IV, 5,37.
[65] Polyb; VI 56.

alquilada a tal efecto fuera de la ciudad, y si por cualquier causa regresaba a la ciudad sin haber extraído auspicios, ya no debía usar esa tienda, sino conseguir otra. Ahora bien, debido a que este detalle había sido pasado por alto, los nuevos cónsules fueron destituidos y depuestos. ¡Y esto ocurrió durante la terrible Guerra de las Galias! Y Plutarco concluye «no admitiendo el descuido de los auspicios incluso al precio de mayores beneficios, estimaban de más importancia para la salvación de la ciudad que los cónsules veneren las cosas divinas antes que conquistar al enemigo»[66].

6 La persistencia de ritos anticuados

Toda la vida religiosa romana estaba así dominada por este terrible escrúpulo de ritualismo, según el cual ningún acto religioso tenía el menor valor si no se realizaba según la fórmula o los rituales prescritos. Esta es la razón de la maravillosa resistencia de ciertos ritos antiguos, como el uso del cuchillo de sílex en los ritos de los *Feciales*[67], el uso de vasijas hechas a mano en los ritos de los Hermanos Arvales, y similares. En *Bollivae* se encontró un altar dedicado a Vediovis no con el rito romano, sino con el antiquísimo rito albano[68].

A menudo, ciertos ritos seguían en uso por su propia fuerza, cuando el clima religioso en el que surgieron hacía tiempo que había pasado. Un ejemplo típico es el *flamen dialis*[69]. El desgraciado que aceptaba este cargo quedaba exento de todos los deberes de la vida civil; su persona, esposa, hijos, casa —que debía estar en el Palatino— quedaban consagrados al dios. Incluso el fuego de su

---

[66] PLUT. *Marc.* 4.

[67] **N.d.E**: Ritos coordinados a través de un cuerpo colegiado de sacerdotes para guiar las acciones diplomáticas de Roma con los pueblos extranjeros.

[68] COL. I 807.

[69] **NdT**: Sacerdote de la antigua Roma adscrito a una divinidad determinada, de la que tomaba su nombre, los tres *flamen* más importantes estaban adscritos al culto de Júpiter, Marte, Quirino y tomaban el nombre de *flamen Dialis*, *Martialis*, *Quirinalis* respectivamente, debían ser patricios y su dignidad era superior a la del propio pontífice maximus, aunque este fuera patricio.

hogar sólo podía utilizarse para actos religiosos. Tenía que estar casado con ella por el rito de la *confarreatio*[70], y si su mujer moría, tenía que renunciar al cargo, no podía divorciarse; y si tenía hijos, éstos tenían que ayudarle en las ceremonias religiosas. No podía desempeñar un cargo, no podía ver un ejército, no podía montar a caballo, no podía prestar juramento, no podía pasar una noche fuera de casa, no podía depositar su pileo[71] más que en su casa: si se le caía de la cabeza, tenía que renunciar a su cargo; tenía que llevar en todo momento las insignias de su cargo, tenía que llevar una toga praetexta[72] de lana tejida por su mujer; al salir debía llevar en la mano su cuchillo sagrado y una vara con la que apartaba a la gente de su camino. No se le podía ver trabajando, por lo que siempre iba precedido de un *lictor*, a cuyo grito todos debían dejar de trabajar; no podía tocar ni a un muerto, ni una tumba, ni las habas porque estaban consagradas a los dioses infernales, ni cabras, porque son propensas a enfermar; ni caballos, porque su bilis es venenosa; ni perros, ni harina fermentada, ni carne cruda. No debía ver ni tener cadenas en su persona, ni nudo alguno en su ropa, sino sólo fíbulas; y su anillo debía estar roto. Tampoco podía tocar la hiedra, ni estar bajo una pérgola con largas ramas; si un hombre encadenado entraba en su casa, era inmediatamente atado y las cadenas arrojadas a la calle a través del impluvium[73]. Sólo un hombre libre podía cortarle la barba, y había que hacerlo con un cuchillo de cobre; y como todo su cuerpo era sagrado, se le enterraban las uñas y el pelo «*subter arborem felicem*».

Esta era la condición a la que el ritualismo redujo el *flamen*

---

[70]**NdT**: Una de las formas del matrimonio romano.

[71]**NdT**: Entre los antiguos romanos y otros pueblos itálicos, tocado casi siempre de forma cónica, se utilizaba como insignia del sacerdocio y como símbolo de libertad y ciudadanía.

[72]**NdT**: Toga o vestidura pretexta, toga blanca, guarnecida con una tira de púrpura, que llevaban los niños patricios hasta los 16 años, las muchachas hasta el matrimonio y los sacerdotes y los magistrados principales en las ceremonias públicas.

[73]**NdT**: Abertura cuadrada en el centro del patio interior de la casa romana donde se recogían las aguas pluviales, patio interior descubierto.

dialis: no es de extrañar que tras la muerte de L. Cornelius Merula en el año 87 a.C., este miserable cargo permaneciera vacante durante 75 años hasta que Augusto lo restableció.

La fuerza del ritualismo explica no solo la razón profunda de la reforma augustea, que fue —en el fondo— un retorno a la vida del antiguo ritualismo, sino también el hecho aún más notable de que incluso aquellos romanos más inclinados a seguir las nuevas corrientes religiosas exóticas nunca dejaron de respetar la religión tradicional, la cual, en cierto sentido, se podía no amar, pero no se podía cuestionar, ya que estaba connaturada con la propia historia romana. Típico en este sentido fue Domiciano, que adoraba a Isis y Serapis, a quienes erigió templos, y practicó de buen grado ritos religiosos exóticos[74], pero defendió con vigor la religión tradicional[75]. Marcial[76] dice que bajo su imperio se salvó el honor de los antiguos templos.

Nada puede dar una idea de la perdurabilidad del rito mejor que una ojeada a las *Actas de los Hermanos Arvales*. Reanudadas en uso por Augusto, se prolongaron hasta Filipo, que abolió la cofradía de los Arvales, y año tras año las Actas registran las repeticiones y ceremonias de la cofradía. Pero lo extraño es que la minuciosidad de este registro, en lugar de disminuir a medida que la religión romana se alejaba de su carácter primitivo, aumentaba con el tiempo. Hasta los Flavios, las actas registran los nombramientos de nuevos miembros y marcan el calendario de fiestas; a partir de los Flavios se describen minuciosamente los actos individuales, y casi los gestos, de los que constan las diversas ceremonias.

Las *Actas de los Hermanos Arvales* dan realmente la impresión de una quietud que se sitúa fuera del tiempo, y hacen comprender mejor que cualquier largo discurso la enorme importancia que el rito tenía para los romanos. Describen al sacerdote haciendo el *piaculum* con dos cerdas y sacrificando después a la vaca honoraria; luego se atestigua que los sacerdotes se sentaron en el tetrástilo y se dieron un

---

[74] Plin. *Paneg.* 14.
[75] Svet. *Dom.* 8.
[76] IX 80 5.

festín con la carne del sacrificio; a continuación se pusieron las togas *praetexta*, las coronas de espigas y las *vitta*, subieron al bosquecillo de la diosa Dia y sacrificaron allí un cordero; luego, después de haber hecho el sacrificio, hicieron libaciones de incienso y vino; luego, después de haber traído las coronas y ungido las estatuas, proveían a los diversos cargos y finalmente, reclinado en el tetrástilo, se daba un banquete[77]. Y así todas las acciones rituales más pequeñas se registran con todo detalle, año tras año. Tampoco disminuye la pedantería ritualista, aunque hace tiempo que a nadie le interesa lo que hace la decrépita fraternidad; es más, se diría que cuanto menos se entiende y aprecia, más aparece el valor del gesto como tal, independientemente de que se entienda o no. Efectivamente, es de la época de Elagábalo[78], es decir, de una época en la que los Hermanos Arvales eran auténticos supervivientes, un minucioso protocolo en el que se describe a los hermanos vistiendo la *praetexta*, reunidos en el tetrástilo[79], sentados en sus sillas, haciendo un sacrificio y dándose un banquete. Luego —prosigue el protocolo— llevaban la *praetexta*, coronada con espigas y vendas, subieron a la arboleda y sacrificaron un cordero; terminado el sacrificio, hicieron una ofrenda de incienso y vino. Luego, volviendo al templo, hicieron una ofrenda

---

[77] Isdem Consulibus XIV Kalendas Inunias in luco deae Diae M. Fulvius Apronianus promagistro ad aram aimmolavit porcas piaculares duas luci coinquiendi et operis faciundi, ibique vaccam honorariama albam ad foculum deae Diae immolavit. Deinde sacerdotes in tetrastylo consederunt et ex sacrificio epulati sunt, sumptisque praetextis et coronis spiceis vittatis lucum Deae submoto ascenderunt ct per M. Fulvium Apronianum pro magistro et per L. ClandiumMedestam pro flamine agnam opimam immolarunt perfectoque sacrificio omnes ture vino fefcerunt. Deinde coronis inlatis signisque unctis Statilium Cassium Taurinum ex Saturnalia prima in Saturnalia secunda magistrum annuum fecerunt, item imperatorem caesarem T. Aelium Hadrianum Antoninum. Augustum Pium flaminem fecerunt. Ibique in tetrastylo discumbentes apud Avillium Quadratum magistrum epulati sunt (CIL. VI 1 pág. 549. Cfr. 525, 527, 535, 543).

[78] **NdT**: Marco Aurelio Antonino, llamado Elagábalo o Heliogábalo, fue un noble y sacerdote romano, emperador de la dinastía Severa (Emesa 204 – Roma 222).

[79] **NdT**: En la arquitectura griega y romana, edificio que tiene cuatro columnas en la fachada: templos, edificios; también puede referirse a edificios con cuatro columnas en el interior.

sobre la mesa y otra delante del templo; de nuevo volviendo fuera realizaron una tercera ceremonia llenando de vino los vasos de plata con el *simpulo*[80], y dos de ellos se separaron realizando aún otras ceremonias que no están claras; luego volvieron al templo tras otras ceremonias, para nosotros oscuras, se sentaron en sus asientos de mármol, partieron los panes coronados de laurel y, finalmente, tras aún más ceremonias, cerraron el templo y salieron a ejecutar la danza cantando la canción de los Hermanos Arvales, que el protocolo reproduce íntegramente[81].

Las *Actas de los Hermanos Arvales*, y especialmente las más tardías, que son también las más minuciosas, son documentos de enorme importancia para la psicología de la religiosidad romana. Para comprender su valor, hay que imaginar que, por ejemplo, es costumbre entre nosotros consagrar y conmemorar en otras tantas inscripciones murales en las paredes de una iglesia todas las Misas de Navidad celebradas en ella cada año: y que estas inscripciones no sólo conmemoran las sucesivas Misas, sino que describen detalladamente los gestos y ritos realizados por el sacerdote durante la Misa, e incluso terminan recordando las palabras con las que culmina o se cierra

---

[80]**NdT**: Copa pequeña para libar el vino en los sacrificios.

[81]Promeridie natem fratres Arvales praetextas acceperunt et in tetrastyle convenerunt et subsellis consederunt et caverunt se adfuisse et sacrum fecisse, et porcilias piaculares spulati sunt et sanguem postea. Inde praetxtati capite velato vittis spiceis coronati lucum adscenderunt et per Alfenium Avitianum promagistrum aguam opimam immolarunt et hostiae litationem inspexerunt. Perfecto sacrificio omnes ture et vino fecerunt. Deinde roversi in aedem in mensa sacrum fecerunt ollis et ante aedem in cespite promagister et flamen sacrum fecerunt: item foras ad aram reversi thesauros dederunt: item flamen et promagister scyphos argenteos cum sumpuis vino repletis ante osteum et acerras ferentes ture et vino fecerunt, et ante osteum restiterunt, et duo ad fruges petendas cum publicis desciderunt, et reversi dextra dederunt, laeva receperunt: deinde ad alterutrum sibi reddiderunt, este publicis fruges tradiderunt. Deinde in aedem intraverunt et ollas precati sunt, et osteis apertis per clivum iactaverunt, deinde subsellis marmoreis consederunt et panes laureatos per publicos partiti sunt: ibi omnes lumemulia cum rapinis acceperunt et deas unguentaverunt, et aedes clusa est: omnes foras exierunt: Ibi sacerdotes, clusi, succineti, libellis acceptis, carmen descindentes tripodaverunt in verba haec (sigue en el canto de los Hermanos Arvales). Cɪʟ. VI, 1, pág. 569.

la Misa. Sólo a través de esta fantástica comparación nos daremos cuenta de lo que hay de extraño, de absurdo y de incomprensible para nuestra mentalidad en las *Actas de los Hermanos Arvales*.

¿Por qué entonces parecía necesario llevar un registro tan minucioso de estas ceremonias, en las que nadie estaba interesado? De hecho, ¿por qué el registro aparecía mucho más minucioso cuanto mayor era la indiferencia?

La razón reside en el valor que el rito tenía para los romanos. No importaba que se comprendiera: lo que importaba era que se celebrara como siempre se había celebrado. Y cuanto mayor era la indiferencia, mayor era la necesidad de que se celebrara en su totalidad de forma exacta, según la tradición: y de que esta inalterabilidad del rito fuera consagrada y atestiguada públicamente. No bastaba con conservar el recuerdo de la ceremonia, era necesario atestiguar que la ceremonia se había realizado según el rito, y dar prueba de ello describiéndola en sus etapas; el valor de la ceremonia no residía en el hecho mismo de su celebración, sino en la precisión del rito: como si el valor del acto de un sacerdote que celebra misa no residiera en el significado espiritual de la misa, sino en la ejecución exacta del rito.

Sólo así se explican los actos de los Hermanos Arvales y su meticulosidad cada vez mayor con la decadencia de la religión. Tampoco carece de grandeza este apego heroico al rito, esta fe ciega en la acción. Y si admirable es el griego escéptico, siempre dispuesto a discutir la existencia de los dioses y a burlarse de ellos, sin dejar de profesar la mayor reverencia a la religión del Estado, ciertamente, mucho más grande es el romano que, en su absoluta incapacidad para pensar en sus dioses, no pierde su fe, sino que la hace converger toda en el rito.

Y puesto que es la tradición la que conserva y transmite el rito, es comprensible que los romanos tuvieran un poderoso sentido de la tradición, hasta el punto de que el carácter arcaico les daba la impresión de estar en sí mismo más cerca de Dios: lo antiguo les parecía santo[82]. Además, aún hoy el rito adquiere con el tiempo una

---

[82]Cic. *Leg.* II 11, 27: Ritus familiae patrumque servare, id est quoniam antiquitas proxume accedit ad deos, a diis quasi traditam religionem tueri. IVI

especie de halo sagrado, de modo que los institutos religiosos dudan a menudo en introducir nuevos ritos, porque saben que, al carecer de arcaísmo, carecerían también de autoridad y eficacia: y a menudo conservan ritos absurdos, sólo porque la santidad que les confiere la vejez beneficia a la experiencia religiosa. Todo lo nuevo necesita tiempo para imponerse: es decir, necesita envejecer.

Por ello, la personalidad del dios tenía mucho menos valor que el acto de culto: esta también podía cambiar; pero este debía permanecer. De ahí el hecho de que una fiesta que primero se refiere a una divinidad y luego pasa a otra, totalmente distinta, no cambie de aspecto. Así la *Ambarvalia*[83], originalmente consagrada a Marte[84], la encontramos más tarde —sin haber cambiado en absoluto— consagrada a Ceres[85].

Esto explica también la extraordinaria persistencia de ciertos ritos, que se conservaron cuando hacía tiempo que habían perdido toda razón de ser: así, la ceremonia que se celebraba tras una declaración de guerra, cuando el capitán tomó la lanza y los escudos de Marte guardados en la Regia y gritó «*Mars vigila*»[86], se explicaba perfectamente con el fetichismo primitivo que representaba a Marte con una lanza, pero no encajaba con la representación antropomórfica de la deidad dominante en Roma.

Esto explica la permanencia en el rito romano del canto de los Saliares, que nadie entendía[87]; y de las oraciones de los Hermanos Arvales, que nadie entendía y debían recitarse con tanta exactitud que el texto se distribuía a los hermanos antes del baile, aunque ciertamente debían conocerlo de memoria.

II 16,40: id habendumsitantiquissimum et deoproximum, quodsitoptimum.

[83]**NdT**: Antigua fiesta romana celebrada a finales de mayo, en honor primero a Marte y luego de Ceres, para purificar las cosechas y alejar las malas influencias: consistía en sacrificar un cerdo, una oveja y un toro, tras darles tres vueltas en procesión alrededor de la ciudad.

[84]Cat. *R. r.* 141.
[85]Verg. *Georg.* I 338 sigs.
[86]Serv. *Aen.* VIII 3.
[87]Hor. *Ep.* II 1,86 sigs: Iam saliare Numae carmen qui laudat et illud quod mecum ignorant solus vult scire videri. Quint. *Inst.* I 6,40: Saliorum carmina, vix sacerdotibus suis satis intellecta.

Esto explica por qué los romanos, cuando circunstancias materiales extrínsecas habían hecho imposible un rito, en lugar de abolirlo, lo conservaban, transformándolo en una ficción jurídica. El rito de los *Feciales* es un ejemplo. Se sabe que en el rito primitivo de la declaración de guerra, el *Fecial* llegaba hasta la frontera del enemigo y lanzaba la pértiga en su territorio. Este rito, de carácter puramente tribal, sólo era posible en una época muy temprana, cuando el territorio del enemigo lindaba con el de Roma. En la guerra contra Pirro, siendo el territorio enemigo lejano e inalcanzable, recurrieron a la ficción legal de hacer comprar a un soldado cautivo de Pirro un pequeño terreno cerca del templo de Bellona, sobre el que colocaron un término simbólico (la llamada columna de guerra) más allá del cual el *fecial* arrojó más tarde su lanza[88].

Por la misma razón, las ofrendas ficticias tenían el mismo valor que las ofrendas reales, y cuando era difícil conseguir una víctima real, se sustituía por una ficticia de pan o cera que valía tanto como la real[89].

7 La concepción contractual de la oración

El ritualismo también invadió la oración, es decir, la expresión más genuina e inmediata del sentimiento religioso.

La oración romana no era la expresión de un sentimiento, sino parte esencial de un rito y, como el rito mismo, carecía de valor si no se expresaba con esas palabras dadas. Primero había que llamar al dios por su nombre exacto: y la lista de nombres exactos la guardaban los pontífices. En caso de duda sobre cómo invocar a la deidad, había fórmulas que servían para el caso: «*sive deus sive dea*», «*sive femina sive mas*» y «*quisquis est, sive quo alio nomine fas est appellare*».

---

[88]SERV. *Aen.* IX 53. OVID. *Fast.* VI 205.
[89]SERV. Aen. II 116: Sciendum in sacris simulata pro veris accipi. Unde cum de animalibus, quae difficile inveniuntur est sacrificandum, de pane vel cera fiunt et pro veris accipiuntur.

Al fin y al cabo, el nombre del dios era lo más importante, precisamente porque los antiguos dioses romanos carecían de personalidad, es decir, eran, en última instancia, nombres; era tan importante que cambiar un nombre por otro entrañaba el riesgo de dar lugar a una religión distinta[90]. Incluso de Júpiter Óptimo Máximo los pontífices admitían que podía llamarse de otra manera[91]. El propio nombre del dios tenía una fuerza mágica y provocaba la acción[92].

Entonces la oración debía corresponder a una fórmula determinada, porque fuera de ella no era nada, y debía pronunciarse exactamente aunque fuera incomprensible, como la letanía de los Hermanos Arvales: no había que cambiar nada, porque la relación que se establecía con el dios a través de la oración era *ius strictum*[93]. Así pues, la oración contenía exactamente lo que se quería conseguir[94]. Y los pontífices tenían en sus archivos oraciones de todo tipo, para todas las ocasiones, que se recitaban tal cual, y las fórmulas servían no sólo para las ceremonias públicas, sino también a menudo para las privadas. También había una gesticulación bastante complicada, reminiscencia de la de los Arvales, que acompañaba a la oración: el orante se llevaba la mano a la boca y se volvía hacia la derecha, luego se inclinaba hasta el suelo[95].

Dos ejemplos típicos de esta fría pedantería se conservan por

---

[90]GELL. II 28: Veteres Romani... dei nomen, ita uti solet, cui servari ferias oporteret, statuere et edicere quiescebant: ne, allium pro alio nominando, falsa religione populum alligarent.

[91]SERV. *Ad. Aen.* II 351: Pontifices ita praecabantur: Iuppiter Optime Maxime, sive quo alio nomine te appellari volueris.

[92]Sobre el carácter sagrado y mágico del nombre divino véase: PFISTER en PAULY-WISSOWA *Realenc, d. Klass.* Alt. II 2, 2155.

[93]**NdE**: Hace referencia a un derecho formalista y rígido.

[94]CIC. *De har. resp.* 23: Si aedilis verbo aut simpuvio aberravit ludi sunt non rite facti. PLIN. *N. h.* 28,2, 11: alia sunt verba impetrantis, alia depulsoria, alia commentationis. Vidimus certis precationibus obsecrare summos magistratus, Et ne quid verborum praetereatur aut praeposterumdicatur, de scripto praeire aliquem.

[95]SVET. *Vit.* 2.: capite velato, circumvertensque se, deinde procumbens. PLUT. *Num.* 14: τὸ προσκυνεῖν περιστρεφομένους καὶ τὸ καθῆσθαι προσκυνήσαντας... κύκλον ποιῶν. PLIN. 28,52: in adorando dextram ad osculum referimus totumque corpus circumagimus.

Macrobio

En otra *devotio* muy conocida se confían a los dioses infernales los miembros, la cera, la figura, la cabeza, el pelo, la sombra, el cerebro, la frente, las cejas, la nariz, la barbilla, la boca, los labios, la respiración, el cuello, el hígado, la espalda, el corazón, los pulmones, los intestinos, el vientre, los brazos, los dedos, las manos, el ombligo, la vejiga, los muslos, las rodillas, las piernas, los talones, las plantas de los pies y los dedos que se encomiendan a los dioses del inframundo; ninguna parte del cuerpo es olvidada, sobre la que debe recaer la maldición[96].

Esta precisión era especialmente necesaria en la *devotio* con la que se trataba de dañar o destruir al enemigo, por lo que no era eficaz si no se pronunciaba según la fórmula, de modo que el texto debía ser leído por el pontífice[97].

Impresiona en estas oraciones la deliberada precisión con que no se olvida nada de lo que se quiere obtener del dios; todo lo que ha de arruinar y destruir se enumera pedantemente. Es característica la fórmula «que siento que estoy nombrando», que también encontraremos utilizada en otros lugares, y casi indica la necesidad de ser testigo de sí mismo de que, efectivamente, se han pronunciado las palabras necesarias y, por tanto, la oración debe ser atendida.

---

[96] CIL. X 8246 (lamina plumbea di Minturno): Dii i(n) feri, vobis com(m)e(n)do, si quic(q)ua(m) sactitates h(a)betos, ac tadro [= trado] Ticene [Tychenem] Carisi, quod qu(o)d agat, quod incida(n)t omnia in adversa. Dii inferi, vobis com(m)e(n)do il(l)ius mem(b)ra, colore(m), figura(m), caput, capilla, [= capillo], umbra(m), cerebru(m), fru)nte(m), super[rcil]ia, os, nasu(m), me(n)tu(m), bucas, la[bra, ve]rba, (h)alitu(m), col(l)n(m), iocur, umeros, cor, pulmone, i(n)testinas [= intestina], ve(n)tre(m), brac(h)ia, digitos, manus, u(m)b(i)licu(m), visica [= vescicam], femena [= fem'na], genua, crura, talos planta(s), tigidos [= digitos]. Dii i(n)feri, si illa(m) videro tabesce(n)te(m), vobis sacrifici(m) lubens ob an(n)uversariu(m) facere dibus parentibus il(l)iu[s] voveo (?)... peculiu(m) (?) ta[be]scas.

[97] CIC. Nat. d. II 310: verbis certis, LIV. X 28: praeire iussit verba quibus se legionesque hostium pro exercitu populi Romani Quiritium devoveret. Devotus inde eadem praecatione, eodem habitu quo pater P. Decius ad Veserim bello Latino se iusserat devoveri. LAV. V 41: Sunt qui, M. Fabio Massimo praefante carmen, devovisse eso se propatria. Così VIII 9.

De este modo, la oración romana, para ser precisos, era una especie de contrato implícito. La divinidad lo concedería a condición de que se pronunciara según la fórmula exacta; existía una condición, de hecho, sin la cual el hombre no podía confiar en Dios.

En esto el romano difería profundamente del griego. Para el griego, la oración nunca tenía carácter contractual: el orante suele recordar al dios las ofrendas realizadas en el pasado y también le promete ofrendas y sacrificios, pero esto lo hace para cautivar su alma. Las plegarias conservadas en los poemas homéricos y trágicos son similares en conjunto a las plegarias de otras religiones y bastante diferentes de la plegaria romana.

8 El voto

Dada esta forma de religiosidad contractual, es lógico que el voto desempeñara un gran papel en la vida romana.

Este acto religioso, tan común en todos los pueblos, era sin duda el más adecuado para el carácter práctico y calculador de los romanos, pues nada debía parecerles más lógico que comprometer a la divinidad a hacer algo mediante una promesa que sólo se cumpliría cuando el dios hubiera observado el pacto.

Este carácter del voto explica que se convirtiera en una verdadera costumbre para el romano, hasta el punto de que terminaba por no hacer casi nada de importancia sin el voto que lo precedía. Se ofrecía un voto por cualquier motivo: por la recuperación propia o ajena, por un buen negocio, por un viaje feliz, por un éxito teatral, por un cargo obtenido, por la restauración de un baño, por el feliz desenlace de un pleito o por haber salvado una casa. La enorme cantidad de exvotos hallados en diversos santuarios atestigua la frecuencia y facilidad con que los romanos hacían votos; en Cerveteri, en el santuario de una diosa de la salud, se encontraron varios miles: partes de cuerpos humanos, figurillas de palomas, pichones, bueyes, vacas, terneros, cabezas masculinas y femeninas que tal vez fueran retratos y estatuillas de Juno Lucina y Fortuna. En otro santuario similar, no lejos del primero, se encontraron cientos y cientos de cabezas ficticias, brazos y piernas[98]; en Veyes[99], en un desagüe, se encontraron más de dos mil terracotas votivas, entre ellas más de cuatrocientas cabezas femeninas, y manos, pies, espinas dorsales con vísceras colgantes, pechos, figurillas con el vientre abierto, dedos, úteros, miembros viriles, bebés en pañales, ratones, bueyes y jabalíes[100]. Un sanatorio de Campania regaló terracotas votivas a carros: diez mil posee solamente el Museo de Campania[101].

Hay una inscripción en la que un ingenuo campesino expresa, como un rústico perspicaz, en términos claros, lo que bajo las sonoras dedicatorias era la esencia de toda relación con la divinidad: el pacto. Ante todo, el voto debía ser preciso: el dios debía saber claramente lo que se prometía y las condiciones. He aquí, por ejemplo, el voto del ver sacrum recogido por Livio

Aquí se prevén todos los casos posibles, para que la divinidad no encuentre pretexto alguno para rechazar su ayuda.

Otro ejemplo típico de voto legalista es la oración que los Hermanos Arvales pronunciaban cada Nochevieja por el emperador, conservada en las *Actas de los Hermanos Arvales*

También aquí impresiona la pedantería con la que se fija, en primer lugar, el plazo dentro del cual se aplica el contrato y la minuciosidad de todas las condiciones particulares del mismo: nótese también la fórmula «que siento que estoy nombrando» (*quos me sentio dicere; uti me sentio dicere*) utilizada para las dos cosas que más necesitan ser claramente enunciadas, las personas de Tiberio y Julia y la felicidad invocada para ellos. Todo debe ser dicho, repetido, aclarado y constatado.

A menudo, el voto, como el de los Hermanos Arvales por el emperador, sólo era válido durante un plazo determinado; durante un año (votos anuales), durante cinco años (votos quinquenales), durante diez años (votos decenales). La divinidad sabía por qué iba a recibir la compensación acordada en ese plazo.

---

[98] *Not. sc.* 1886 págs. 38 y 39.
[99] **NdT**: Antigua ciudad etrusca cerca de Roma.
[100] *Not. sc.* 1889 pág. 31.
[101] *Not. sc.* 1875 pág. 242.

Este carácter legalista eliminaba toda espontaneidad del voto, de modo que parecía posible que un voto se celebrara en nombre y por orden de otros, del mismo modo que un contrato puede celebrarse en nombre y por orden de otros.

En el año 191 a.C. el senado decidió que, puesto que el pueblo romano había ordenado la lucha contra Antíoco, los cónsules impusieran una súplica, y que el cónsul M. Acilio hiciera votos de grandes juegos a Júpiter y regalos a todos los *pulvinari*[102]. El cónsul obedeció entonces y pronunció el voto: «Si el duelo, que el pueblo ordenó comenzar con Antíoco, termina según la intención del senado y del pueblo romano, entonces a ti, oh Júpiter, el pueblo romano celebrará grandes juegos durante diez días continuos y se ofrecerán regalos a todos los *pulvinari* por la suma que el senado haya decidido. Cualquiera que sea el magistrado, dondequiera que se encuentre, dondequiera que se hayan celebrado esos juegos, estos juegos se hagan justamente y que los presentes se den justamente»[103].

Siendo el voto un pacto, también tenía su casuística. Con la inminencia de la guerra de Macedonia, el cónsul —cuenta Livio[104]— recibió instrucciones de ofrecer a Júpiter los juegos y presentes, pero el pontífice declaró que no se podía hacer un voto sin fijar antes la suma para su cumplimiento, y que esta suma debía reservarse inmediatamente y no mezclarse con otros fondos. Entonces se ordenó al cónsul que fuera al colegio de pontífices y les preguntara si era posible hacer un voto sin fijar antes la cantidad para su cumplimiento, y los pontífices respondieron que sí y que era mejor así. Entonces el cónsul pronunció el voto, dejando libertad al senado para fijar la cantidad en el momento del cumplimiento. Más tarde prevaleció la opinión de que la cifra no tenía valor religioso[105]. En el *Digesto*[106] se afirma que los votos hechos por *pater familias* no obligaban a los

---

[102]**NdT**: Pulvinar: Almohada. En la antigua Roma, lecho en el que se colocaban las imágenes de los dioses durante las ceremonias religiosas para que pudieran participar en los banquetes y juegos sagrados.
[103]Liv. XXVI 1.
[104]Liv. XXXI 9.
[105]Liv. XXXIX 5.
[106]L 12 2.

púberes sui iuris, es decir, hijos y esclavos, pero que el heredero de quien ha prometido el diezmo de sus bienes está obligado a cumplir el voto.

Y por último, siendo el voto un pacto, era lícito y lógico enfadarse con la deidad que, tras recibir regularmente las ofrendas y oraciones debidas, rompía el pacto. Así, Suetonio narra que el pueblo romano, después de haber ofrecido oraciones y votos por la salvación de Germánico, al enterarse de su muerte, derribó altares y estatuas[107].

9 La aruspicina

El carácter ritual de la religión romana, y más aún su contenido puntual, hacían de ella una religión del presente. La acción pura y simple, religiosa o no, no puede extenderse más allá del *presente*; cualquier deseo de penetrar en el futuro rebasa necesariamente los límites de la acción pura y simple.

La antigua conciencia religiosa romana se limitaba, entonces, al presente, su relación con Dios se agotaba en el presente; carente del concepto de una voluntad que gobierna el mundo, carecía de toda posibilidad de dirigir su mirada hacia el futuro. En esto los romanos eran tan diferentes de los griegos como de nosotros, teniendo los griegos el concepto de la Moira imprescriptible que fatalmente lo predetermina todo, concibieron el futuro como la puesta en práctica de esta voluntad ciega; el cristianismo, admitiendo, sí, una voluntad divina, pero admitiendo también que la fe humana puede cooperar con ella, concibe el porvenir como la confluencia de la fe humana y de la voluntad divina. En cualquier caso, el porvenir *existe*: y se puede interrogar a la divinidad sobre él, tanto para conocerlo como para aceptar elaborarlo: por eso el griego interroga a los oráculos y el cristiano reza a Dios para que le revele su voluntad.

El romano no conocía ni el destino ciego ni la voluntad de un vidente. No podía recurrir a un dios para conocer el futuro. No tenía oráculos. Pero como la necesidad humana de conocer el futuro es

---

[107]SVET. *Cal.* 5.

invencible, tenía la aruspicina[108].

No hay que confundir el augurio con el oráculo. Aunque a Cicerón le gusta relacionarlo con Júpiter[109], convirtiéndolo casi en un oráculo, carece de lo esencial en el oráculo: la divinidad que, al ser interrogada, responde.

Otra diferencia radicaba en esto: mientras que el oráculo sólo era interrogado excepcionalmente, la aruspicina se utilizaba habitualmente; mientras que el oráculo se manifestaba de ciertas maneras fijas, propias de cada dios y de cada lugar, la aruspicina se ponía en práctica por cualquier medio. Esta era la diferencia sustancial entre el griego, que, estando seguro de la existencia de una voluntad imprescriptible en el fondo de todo, se resignaba pesimistamente y sólo en casos excepcionales intentaba romper lo que Juvenal llama la bruma del futuro[110], y el romano que, incapaz de descansar bajo ningún concepto de voluntad, se veía necesariamente arrastrado a conocer el futuro a cada instante, incluso para cosas sin importancia esencial. En resumen, el griego sabía o podía resignarse, el romano no. Así fue como la aruspicina se convirtió en el verdadero regulador de la vida pública y privada romana[111].

Hubo arúspices privados no menos que públicos, y la aruspicina privada debió de formar casi una religión familiar, pues fue uno de los argumentos esgrimidos contra el *ius connubii* que reproduce Livio[112], también estaba el que combinaba auspicios públicos y privados. No había romano que no estuviera obsesionado por este anhelo de conocer el futuro. Si las mujeres asediaban al arúspice hasta la extenuación para conocer el futuro[113], Mario siempre llevaba

---

[108]**NdT**: Del latín haruspicina, arte adivinatoria propia de los arúspices.
[109]Cic. *Leg.* II 8,20; III 19,43.
[110]Iuv. VI 656.
[111]Cic. *Div.* II 2: nihil publice sine auspiciis nee domi nec militiae gerebatur. I 16, 28; nihil fere quondam maioris rei nisi auspicato nec privatim quidem gerebatur. Liv. I 36,6: Auguriis certe sacerdotiisque augurum tantus honos accessit ut nihil belli domique postea nisi auspicato gereretur.
[112]IV 2.
[113]Iuv. VI 396.

consigo a una adivina sira[114]; si la muchacha interrogaba al arúspice para saber si debía casarse con el posadero o con el trapero[115], si el mercader se dirigía a él para saber cuáles serían los meses buenos y cuáles los meses malos[116], Augusto, a su vez, interrogaba gustosamente al arúspice Teágenes[117]. Era una verdadera obsesión que no tenía otra consecuencia que mantener a las almas en el clímax[118].

Dado el concepto de que a partir de los acontecimientos presentes se puede deducir el futuro, es obvio que la interpretación de éstos debe complicarse progresivamente para adaptarse lo más posible a los acontecimientos del futuro. De ahí una casuística terriblemente complicada. Tomemos, por poner un ejemplo, la aruspicina fulgurante. Si el rayo era rojo brillante procedía de Júpiter, si era rojo oscuro de Marte y si era blanco más o menos lívido de los otros dioses; el tiempo, la dirección y los efectos constituían otros tantos auspicios. Se distinguían los rayos *fuscantia*, que ennegrecían los objetos, *decolorantia* que los decoloraban, *comburentia* que los incineraban, y *accendentia* que los encendían. Había relámpagos *ostentatorium*, que asustaban, y *praesagum* que prenunciaban, *peremptorium* que destruía, *consiliarium* que aconscjaba, *monilorium* que amonestaba, *peremptale* que anula una advertencia anterior, *fallax* que induce a error, *pestiferum* que anuncia el exilio o la muerte, *deprecaneum* que anuncia un mal que puede revertirse, *prorogativum* que anuncia un mal que puede aplazarse, *postulatorium* cuando se ordena la repetición de ceremonias infructuosas, *perpetuum* cuando el presagio tiene valor para toda la vida, *finitum* cuando sólo tiene valor para una fecha fija.

La aruspicina tenía un límite, porque lógicamente cualquier hecho insólito o extraño puede ser presagio de un acontecimiento futuro. Por lo tanto, todo, en definitiva, se convertía en auspicioso; dado

---

[114]Plut. *Mar.* 27.
[115]Iuv. VI 591.
[116]Iuv. VI 571.
[117]Svet. *Oct.* 94.
[118]Cic: *Divin.* II 72, 149 s: Instat enim et urguet et quoteumque verteris persequitur... ut ex eo ipso plurimae curae metusque nascuntur.

que —por ejemplo— el silencio era necesario para que el sacrificio fuera propicio, cualquier ruido era un mal presagio: el crujido de una silla, el roer de un ratón o un vientre rugiente.

Para comprender la esencia del arúspice, hay que tener en cuenta otra diferencia con el oráculo, que hemos dejado deliberadamente para el final, y es la siguiente: el oráculo, como tal, nunca fue obligado públicamente a dar una respuesta determinada de acuerdo con el deseo del interrogador, porque eso destruiría su autoridad; a ningún griego se le ocurriría obligar públicamente, por ejemplo, por algún medio práctico, a que la Pitonisa diera la respuesta deseada, mientras que ningún romano encontraba inconveniente en intentar obtener auspicios favorables por medios prácticos. Así, como era un augurio favorable que las gallinas comieran ávidamente grano, se obtenía fácilmente bien matándolas de hambre, bien dándoles comida desmenuzable que se deshacía y caía de sus picos, dando la impresión de que comían con avidez. Otras veces, se intentaba crear circunstancias tales que los auspicios desfavorables resultaran imposibles. De ahí la *abnuntiatio*, es decir, la señalización de auspicios desfavorables, que, por razones políticas, se ejercía sobre todo con ocasión de comicios, lo que se impidió prohibiendo a los magistrados inferiores observar el cielo el día de los comicios[119].

¿Cómo se explica este aparente absurdo de provocar artificialmente un auspicio según las propias intenciones y, al mismo tiempo, tratarlo como un verdadero auspicio digno de ser seguido?

Se explica pensando que la aruspicina no era la manifestación de su voluntad; era un rito y nada más. Era necesario tener un deseo favorable antes de emprender una acción importante, pero no era necesario que el deseo fuera espontáneamente favorable. El hombre podía perfectamente intervenir sin que el rito perdiera su valor, al igual que la víctima real podía sustituirse por una víctima ficticia sin que por ello disminuyera el valor del sacrificio. Se trataba de conciliar la vida con el rito.

---

[119] GELL. XIII 15.

Vittorio Macchioro

10 La concepción de los muertos como energía

La antigua religión romana proporciona la clave para comprender no sólo las primitivas creencias ultraterrenas de los romanos, sino también la razón por la que, muy pronto, recurrieron a las representaciones griegas.

Las primitivas creencias ultraterrenas de los romanos ni siquiera pueden llamarse así, porque no creían realmente en el más allá. Al igual que la ausencia de imaginación llevó a los romanos a no imaginar a los dioses de ninguna manera y a pensar en ellos como seres abstractos, así, a través de su incapacidad para fantasear, los romanos no llegaron espontáneamente a una representación de en qué se convierte el hombre después de la muerte ni de adónde va.

En otras palabras, al igual que los romanos no concebían a los dioses como *seres reales*, parecidos o no a nosotros, tampoco pensaban en el más allá como un *estado real*, similar o diferente de la vida terrenal. Así como de los dioses no sabían nada aparte de su acción sobre el hombre, de los muertos no sabían nada aparte de su acción sobre los vivos. De esta concepción negativa del más allá quedan pocos vestigios en la época posterior, que tomó sus creencias de Grecia; probablemente de ella deriva la idea de la muerte como un estado desprovisto de todo placer o dolor[120], o la idea, que no es en absoluto griega, del estado de ultratumba como una noche de sueño perpetuo[121] o de una paz sin perturbaciones, como se expresa a menudo en los epígrafes; una paz que se concibe como profunda y perfecta, precisamente porque el muerto no tiene conciencia y no *vive*.

Este estado puramente negativo no está conectado con ninguna idea de ningún lugar en el que viva la persona muerta. Incluso en Homero, por ejemplo, se atribuye al muerto no precisamente la ausencia de conciencia, sino una conciencia muy vaga, confusa y

---

[120]Cesare decía: ultra noque curae neque gaudio locum esse (SALL. *Cat.* 5).
[121]CAT. *Ad. Lesb.* 5: nox perpetua dormienda.

embrionaria; esta vida oscura e incierta está, sin embargo, conectada con un lugar muy concreto que es el Hades. Los griegos, desde los tiempos más remotos, demostraron que tenían una concepción muy precisa del más allá, aunque no supieran cómo representar la *vida de ultratumba*. Esta precisión topográfica, por así decirlo, se observa también en las numerosas leyendas de cavernas que conducen al Hades. Los romanos, en cambio, no supieron representar ni la vida ni la ubicación del inframundo. Y al no tener noción de lo que ocurría después de la muerte, no pensaban en el más allá como algo distinto —ni similar ni distinto— de la vida terrenal; no pensaban, en cierto sentido, en negarla.

Parecido al israelita primitivo, el romano no consideraba la persona de los muertos ni el lugar donde estaban, sino sólo su *acción; no lo que eran ni dónde estaban*, sino lo que *hacían*. De hecho, la propia forma que los romanos daban a la memoria de sus muertos tenía algo de práctico que les hacía aparecer no ya transhumanizados en una esfera superior, sino como si siguieran viviendo y trabajando. La antigua costumbre de cantar las hazañas de los antepasados en las fiestas debió de contribuir en gran medida a esta concepción[122].

El muerto era una energía, que ejercía su influencia sobre la familia; para decirlo mejor, el muerto era un miembro de la familia, el cual, elevado a una esfera superior del ser, seguía viviendo en el seno de la familia, en íntimo contacto con ella. Entre el muerto y la familia existía, determinado por la propia muerte, un vínculo esencial por el que el muerto no pertenecía a un *mundo distinto* del nuestro, dotado —si acaso— de la facultad de salir ocasionalmente de ese mundo para entrar en el nuestro, sino que era —aunque muerto— un ser de *este* mundo, un elemento esencial de la vida familiar, e

---

[122]VARR. ap. NON. pág. 76: In conviviis pueri modesti ut cantarent carmina antiqua in quibus laudis erant maiorum et assa voce et cum tabicine. VAL. MAX. II 210: Maiores natu in vonviviis ad tibias egreria superiorum opera carmina comprebensa pangebant quo ad ea imitanda iuventutem alacriorem redderent. CIC. *Brut.* 19,75: utinam extarent illa carmina, quae multis sacculis ante suam actatem in epulis esse cantitata a singulis conviviis de clarorum virorum landibus in Originibus scriptum reliquit Cato! Cfr. CIC: *Tusc.* I 1,3; IV 2,3. FAB. PICT. ap. DIOSYS, I 79.

incluso el centro de la misma. Los antepasados eran espíritus[123] que se imaginaban velando por el hogar, eran los guardianes de la ley familiar, a ellos estaba consagrado aquel miembro de la familia que la violaba. Según una ley de Servio, el niño que golpeaba a su madre hasta hacerla llorar quedaba consagrado a los dioses *parentes*[124], quienes, en cierto sentido, ejercían la jurisdicción familiar en la muerte como la habían ejercido en vida, como *pater familias*, y tenían el poder de dar muerte a quienes no les honraban[125]; en otras palabras, ejercían sus derechos como *pater familias* según el *ius primitivo*. Por la misma razón, si un marido rechazaba a su mujer, debía apaciguar a los dioses Mani con un sacrificio[126].

Este vínculo entre muertos y vivos explica ciertos ritos funerarios que nos resultan muy extraños, que serían incomprensibles si no expresaran la «voluntad de negar la muerte». Así, por ejemplo, la costumbre de que el difunto fuera personificado por un mimo que imitara sus gestos y palabras[127], la costumbre de que los actores llevaran *imagines*, es decir, las máscaras de cera de los antepasados que se guardaban en el atrio de las casas nobles; y estos actores, ataviados con las insignias de los cargos que habían desempeñado los antepasados y escoltados por lictores, precedían al difunto a pie o en carros, como si lo escoltaran hasta la morada suprema[128].

---

[123]Di parentum. Cfr. Cic. *Leg.* II 9,22: Leto datos divos habento. Corn. Nep. fr. 12: (carta de Cornelia) ubi morta ero parentabis mihi et invocabis deum parentem. Serv. *Ad. Aen.* V 77: apud Romanos defunctorum parentes dei a filiis vocabantur.

[124]Fest. pág. 230: Si parctem puer verberarit ast olla plorassit, puer divis parentum sacer esto.

[125]Fest. pág. 146: Inferi dii Manes pro boni dicantur a suppliciter eos venerantibus propter metum mortis; pág. 156. 7: Manes dii ab auguribus vocabantur... quod hi existimabantur favere vitae hominis.

[126]Plut. *Rom.* 22.

[127]Svet. *Vesp.* 19: in funere Favor archimimus personam eius ferens imitansque, *ut est mos*, facta et dicta vivi.

[128]Polyb. VI 53,6: Ταύτας δὴ τὰς εἰκόνας ἔν δὲ ταῖς δημοτελέσι θυσίαις ἀνοίγοντες, κοσμοῦσι φιλοτίμως· ἐπὰν δὲ τῶν οἰκείων μεταλλάξῃ τις ἐπιφανής, ἄγουσιν εἰς τὴν ἐκφοράν, περιτιθέντες ὡς ὁμοιοτάτοις εἶναι δοκοῦσι κατά τε τὸ μέγεθος καὶ τὴν ἄλλην περικοπήν. Οὗτοι δὲ προσαναλαμβάνουσιν ἐσθῆτας, ἐὰν μὲν ὕπατος ἢ στρατηγὸς ᾖ γεγονώς, περιπορφυροῦς· ἐὰν δὲ τιμητής, πορφυρᾶς· ἐὰν δὲ καὶ τεθριαμβευκὼς ἢ τι τοιοῦτον κατειργασμένος, διαχρύσους. Αὐτοὶ

Esta escolta de antepasados montados en sus carros a veces se contaba por centenares y —según la leyenda— por millares. Al funeral de Junia[129] se llevaron veinte *imagines*, en el de Marcelo seiscientos y seis mil al de Sila, según Servio[130]; y detrás de los antepasados redimidos venía la efigie del muerto, peinada y adornada como si estuviera vivo[131]. Y todos estos muertos vivos se detenían en el foro para escuchar la arenga en honor del difunto, que se pronunciaba mientras las *imagines* se alzaban majestuosas sobre ricos sitiales.

Estos extraños ritos nunca podrían haberse formado sin la noción de que entre los muertos y los vivos no había discontinuidad, sino que formaban una sola familia. El mismo concepto aparece también en el rito de la Caristía, es decir, en el banquete que cerraba la fiesta fúnebre de la *Parentalia* y reunía a toda la familia.

Este uso explica el rito muy antiguo, prohibido por las XII Tablas, de enterrar a los muertos en las casas[132], según un rito practicado por muchos pueblos primitivos, para los que el hogar es la sede del culto a los antepasados[133]. Para comprender su significado, hay que relacionarlo con este concepto primitivo de la unidad de los vivos y los muertos, y con el otro concepto, igualmente antiguo y no específicamente romano, de que el muerto vivía dentro de su tumba y su espíritu se adhería a ella; un concepto tan vivo en los

---

μὲν οὖν ἐφ' ἁρμάτων οὗτοι πορεύονται, ῥάβδοι δὲ καὶ πέλεκεις καὶ τἆλλα τὰ ταῖς ἀρχαῖς εἰωθότα συμπαρακεῖσθαι, προηγεῖται κατὰ τὴν ἀξίαν ἑκάστῳ τῆς γεγενημένης κατὰ τὸν βίον ἐν τῇ πολιτείᾳ προαγωγῆς. Diod. *Exc.* XXXI 25,2.

[129] Tac. *Ann.* III 76.
[130] *Ad. Aen.* VI 862.
[131] Plut. *Sull.* 38: πλασθῆναι μὲν εἰδώλων εὐμεγέθες αὐτοῦ Σύλλα. App. *Bell. Civ.* II 147: ἀνδρείκελον αὐτοῦ Καίσαρος ἐκ κηροῦ πεποιημένον· τὸ μὲν γὰρ σῶμα, ὡς ὕπτιον ἐπὶ λέχους, οὐχ ἑωρᾶτο· τὸ δὲ ἀνδρείκελον ἐκ μηχανῆς ἐπεστρέφετο πάντῃ. D. Cass. LVI, 34: ἐν αὐτῇ (κλίνῃ) τὸ μὲν σῶμα κάτω που ἐν θήκῃ συνεκέκρυπτο, εἰκὼν δὲ δὴ αὐτοῦ κηρίνη ἐν ἐπιπλόῳ στολῇ ἐξεφαίνετο. D. Cass: LXXIV, 42: ἐς αὐτὴν (κλίνην) εἰδώλων τι τοῦ Περτίνακος κηρίνων, σκευῇ ἐπιπλόῳ εὐθημένον ἀντετέθη. Herodian. IV 2,2: κηροῦ δὲ πλασάμενοι εἰκόνα πάντα ὁμοίαν τῷ τετελευτηκότι ἐπὶ μεγίστης ἐλεφαντίνης εἰς ὕψος ἄρδεως προτιθεῖσιν.
[132] Serv. *Ad. Aen.* V 64: Sciendum quia etiam domi suae sepeliebantur.
[133] Pfister in Pauly-Wissowa XI págs. 2144, 2146.

romanos que a veces identificaban a los Mani con el cuerpo[134] y a veces incluso cambiaban el alma por el cuerpo[135].

De este concepto, perfeccionado bajo el dominio del antropomorfismo griego, derivaron gran parte de los ritos funerarios romanos y, en especial, la costumbre de adornar las tumbas y ofrecer regalos, comida y bebida a los muertos.

Ahora bien, la costumbre de enterrar al muerto dentro de la casa puede explicarse fácilmente pensando que los antiguos romanos, convencidos por una parte de la adhesión del muerto a la tumba y persuadidos por otra de su importancia para la familia, no querían separar al muerto de ésta enterrándolo fuera de la casa, y pretendían mantener el vivo contacto con el muerto. Esto explica la costumbre de enterrar a los muertos cerca del hogar, es decir, en el centro de la casa.

Del mismo modo, se explica el origen del *Lar*.

Sobre esta extraña personalidad mítica, muy diferente de los dioses romanos habituales, se ha discutido mucho y se han expresado diversas teorías. La mayoría coincide con los antiguos, que sostenían que los *Lares* eran las almas de los muertos[136]; y esta opinión parece

---

[134] PROP. II 13,31 a: Ubi suppositus cinerem me fecerit ardor accipiat manes parvula testa meos; 57 s: frustra mutos revocabis, Cynthia, manes: man mea quid poterunt ossa minuta loqui ? CIL. XI 1624: Sit bene ossibus cineribusque Q. Anini Martialis. Cfr. CIL. XII 3464.

[135] ORELLI 4837: vixi, quod volui, semper bene, pauper honeste, fraudavi nullum quod juvat ossa mea. Cfr. PROP. IV 11,101. Esto explica VERG. *Aen.* III 67: *animan sepulchrocondimus*. PLIN . *Ep.* 7: Manes condebat; y OVID. *Fast.* 5: Romulus ut tumulo fraternas *condidit umbras*.

[136] VARR. ap. ARN. III, 41: Antiquorum sentestias sequens larvas esse dicit Lares, quasi quosdam genios et defunctorum animas. FEST. pág. 121: animae... hominum redactae in numerum deorum; Cfr. VARR: *L. l* 9,61. MART. C. II 162: Si vitae prioris adiuti fuerint honestate in Lares domorum urbiunque vertuntur: APUL. *De deo Socr.* 15: poteris Genium vocare, quod is deus, qui est animus suicuique, quamquam sit immortalis tamen quodam modo cum homine gignitur. *Ivi*: ex hisce ergo Lemuribus qui posterorum suorum curam sortitus placato et quieto numine possidet. Lar dicitur familiaris. VERR. FLACC. ap. PAUL. pág. 121: Lares... animae esse putabantur hominum redactae in numerum deorum. SERV. *Ad Aen.* III 302: Manes piorum, qui Lares viales sunt. *Ib.* III 169: ait esse quaedam sacra quibus animae humanae vertantur in deos... hi autem sunt

la más veraz. De hecho, dado que los antepasados eran considerados como divinidades familiares, que el difunto era concebido como vinculado a la tumba y que, por esta razón, se acostumbraba a enterrar a los muertos en las casas, se explica fácilmente cómo el antepasado pudo ser visto como una divinidad familiar y cómo esta divinidad pudo imaginarse ligada al hogar. Ninguna otra doctrina fuera de esta ofrece una explicación suficiente de la curiosa figura del *Lar*; en particular, resulta insuficiente la teoría que considera a los *Lares* como divinidades agrarias que terminaron por localizarse en la casa e incluso por identificarse con ella, algo que no sucedió con ninguna otra divinidad del ámbito rural.

El *Lar* se distingue de otros dioses primitivos romanos, en primer lugar, por su naturaleza. No es ni un dios local ni un dios ocasional —como los dioses de los *Indigitamenta*— sino un dios familiar; es decir, no está relacionado ni con un lugar determinado ni con un tiempo determinado, ni siquiera (como Genio) con una persona determinada, sino con una familia determinada.

El suyo no es un nomen agentis, ni designa la personificación de un lugar; *Lar* era en realidad una palabra de origen etrusco, correspondiente a la griega *ána* que se daba a guerreros y reyes. *Lar* significa, pues, el jefe de la casa, el señor. Otro indicio concuerda con esta idea: según los antiguos, los *Lares* tenían relación con el inframundo[137]. El *Lar* era, por tanto, el antepasado que actuaba, incluso después de muerto, como *paterfamilias* y reunía a la familia en torno a él. De hecho, no existe ninguna diferencia sustancial entre el difunto y el *Lar* en lo que respecta a las relaciones con la familia; al igual que los dioses *parentes* tienen potestad para castigar a quienes han infringido el derecho de familia, el *Lar* puede castigar a un miembro de la familia con la muerte. En el prólogo de la

---

dii penates et viales. *Lar* es traducido por Dionisio (IV 23) y por Plutarco (*Fort. rom.* 10) con ἥρως. En la inscrición de Angora (*Mon. Ancyr.* Cil. III pág. 774 s. IV 7.) *Aedem Larum* se traduce como ἡρῷον. La ἥρως de las comedias de Menandro aparece en Plauto bajo la apariencia del Lar. (Leo en *Hermes* XLIII pág. 127 Wissowa, *Rel. u. Kultus* pág. 153 nota 5).

[137] Fest. s. v pilae pág. 197 M.: deoruminferorum, quosvocant Lares.

Aulularia[138], el *Lar* dice que castigó a un heredero por su negligencia haciéndole morir[139].

El *Lar* es entonces el antepasado. Con esta idea, es fácil explicar un rito hasta ahora oscuro, que se realizaba en las fiestas de la Compitalia, que se celebraban en honor de los *Lares* Compitales, de los *Lares* que tenían sus sagrarios en los cruces (*compita*), por los que tenían sus casas situadas alrededor del *compitum*[140].

En nuestra opinión, los *Lares* compitales deben su origen a la fase más antigua de la historia romana, cuando Roma como unidad aún no existía, pero existían esas numerosas y pequeñas aldeas fortificadas, situadas en las colinas, que más tarde se incluyeron dentro de las murallas de la ciudad. Estos pequeños castillos eran los pagos

Otro hecho importante es que las fiestas de *Paganalia* estaban dedicadas originalmente a los dioses guardianes de los pago[141]. No es fácil especificar estos dioses guardianes, siempre que se piense en los dioses romanos habituales, porque parece claro que entre los antiguos dioses latinos no hay ninguno que pueda llamarse «guardián del pago». Pero la frase de Dionisio resulta clarísima si se considera que el dios custodio de cada *pago* era el *Lar*, es decir, el antepasado del pago. Y puesto que la fiesta estaba originalmente destinada a reunir y reencontrar a los «paganos», cabe suponer que esta reunión de cada pago se celebraba cerca de la tumba del *Lar*.

Otro argumento a favor de estas ideas lo da el hecho de que en cada uno de los antiguos distritos en que se dividía la ciudad había capillas —26, 27 o 30— donde, según la tradición, estaban enterrados los 24 compañeros de Hércules. Estas capillas debieron de ser originalmente *sepulcros*, pues de otro modo no se explica cómo surgió la leyenda de que en su emplazamiento se enterraba a héroes.

---

[138]**NdT**: Comedia del dramaturgo latino Plauto (c. 250 a.C. – 184 a.C.). Comúnmente se cree que data de después de 195, pero esta fechada en 194 o 191 a.C; su título deriva de una olla, en el centro de la historia, que nos ha llegado sin la conclusión.

[139]Item a me contra factumest, namitemobiit diem.

[140]**NdT**: Encrucijada, plaza pública.

[141]Dion. Hal. IV 15, 3.

Por tanto, es posible que estos 24 héroes no fueran otros que el mismo número de *Lares* transformados más tarde, por influencia del mito griego, en compañeros de Hércules. Que, entonces, se llamaban Argeos[142]; y por eso es lícito relacionar con ellos la ceremonia de los Argeos, es decir, de los títeres arrojados desde el puente Sublicio. Y no es suficiente: la tradición[143] conecta esa ceremonia con Hércules, narrando que antaño los romanos solían sacrificar a los griegos que hacían prisioneros, y que Hércules les enseñó a sustituir esas marionetas por víctimas humanas; había así —como su nombre indica— una conexión entre los Argeos enterrados en las capillas y los Argeos arrojados desde el puente. Ahora es seguro que la ceremonia de los Argeos tenía un carácter funerario: el *flamen dialis* que asistía a ella debía vestirse de luto[144]; además, la ceremonia se celebraba el 14 de mayo, es decir, al día siguiente de la clausura de las fiestas de *Lemuria* —9, 11 y 13 de mayo— durante el cual se creía que los muertos salían del inframundo y eran apaciguados con sacrificios. Por tanto, podemos concluir que los Argeos enterrados bajo los santuarios eran originalmente antepasados o *Lares*, y que en la ceremonia de los Argeos se ofrecían sacrificios ficticios a estos *Lares* para apaciguarlos.

De todo ello se extrae la conclusión de que el *Lar* compital no era otro que el antepasado del antiguo pago, similar por tanto al *Yjigami* de la religión sintoísta, es decir, el progenitor de un linaje, divinizado y convertido más tarde también en el dios del fuego habitado por la propia estirpe.

Veamos ahora las fiestas de la *Compitalia*.

Durante esta fiesta se acostumbraba a colgar en los sacelios[145] pequeñas bolas (*pilae*) y muñecos: tantas bolas como esclavos tenía

---

[142]VARR. *L. l.* V 8.
[143]PLUT. *Quaest. Rom.* 32; DIONYS. I 38; OVID. *Fast.* V 631.
[144]PLUT. *Q. r.* 86: GELL. 10,15.
[145]**NdE**: El sacelio o sacelo, del latín *sacellum*, en la antigua religión romana era una pequeña capilla consagrada a una divinidad, provista de un altar y una estatua de la divinidad a la que estaba consagrada. Podían ser tanto públicos como privados o familiares.

la familia y tantos muñecos como personas libres[146]. Sabemos que este rito se realizaba precisamente porque se creía que los *Lares* —por los que se celebraba— eran las almas de los difuntos[147].

La idea ya expresada por los antiguos[148] de que esta ceremonia derivaba de un antiguo sacrificio humano fue aceptada por algunos modernos[149], de los cuales algunos creen que incluso *todos* los hijos fueron sacrificados antaño a los *Lares*; otros piensan que solían hacer este sacrificio de vez en cuando, inmolando a uno de los hijos de la familia para evitar alguna desgracia.

Pero de estas dos hipótesis, la primera parece inmediatamente absurda; la segunda olvida que la ceremonia, siendo regularmente periódica, presupone un sacrificio también regular y no ocasional; y, en general, la teoría que deriva esas ceremonias de un sacrificio humano original olvida que, en todo caso, podría aplicarse a las *maniae* colgadas en el sacelio[150], pero no a las *pilae*. Aquellas pueden considerarse, si se quiere, como imágenes humanas informes que se colgaban en sustitución de las personas reales que antaño eran sacrificadas, pero estas no. No, pues era costumbre constante y razonable en todo el mundo antiguo que la ofrenda ficticia que sustituía a una ofrenda real debía simular la realidad lo más fielmente posible. Por lo tanto, los animales ficticios ofrecidos en lugar de los animales reales debían parecerse a los reales: y las frutas ficticias adoptan la forma de frutas reales[151] y los caballos, muebles y adornos

---

[146] FEST. ep. pág. 239: Tot pilae quot capita servorum, tot effigies, quot essent liberi ponebantur.

[147] FEST. pág. 121: Laneae effigies. Compitalibus noctu dabantur in compito, quod Lares, quorum is erat dies festus, animae putabantur esse hominum redactae in numerum deorum.

[148] FEST. L. c. MACR. I 7,34 (sin embargo, en MACR. esta tradición está revestida de demasiados detalles legendarios).

[149] WISSOWA en *Arch. Rel. Wiss.* 1904 VII pág. 42 sig. y en PAULY-WISSOWA, *Realenc.* IV 1 pág. 793; DE SANCTIS, *St. dei Rom.* I pág. 306.

[150] FEST. pág. 129 M. Manias Aelius Stilo dixit ficta quaedam ex farina in hominum figuras. Las Maniae eran unos fantasmas con los que solían asustar a los niños: FEST. pág. 129: Cfr. M. Esto no excluye que por extensión la palabra se aplicara también a las marionetas de la Compitalia.

[151] SERV. *Ad Aen.* IV 512: In sacris... quae exhiberi non poterant, simulabantur;

colocados en las tumbas reproducen los objetos reales con la mayor fidelidad posible. Ahora bien, la misma ficción legal debió de aplicarse también a las ofrendas al *Lar*; y por tanto, si las *maniae* pueden interpretarse como burdas imitaciones del cuerpo humano, las *pilae*, con su misma forma, excluyen esta posibilidad.

Hay otra circunstancia que parece haberse pasado por alto, a saber, que se colgaban de los sacelios tantas bolas como *esclavos* y tantas marionetas como *hombres libres* había en la familia. Esto bastaría por sí solo para demostrar que la conjetura del sacrificio humano primitivo es absurda, pues si la ceremonia representara un sacrificio humano completo, habría que admitir que familias enteras eran sacrificadas regularmente, y sería inexplicable por qué en el uso de los sustitutos había que distinguir a los siervos de los libres, como si en el sacrificio real original hubiera que sacrificar un cierto número de siervos y un cierto número de libres. En cambio, creo que el punto fundamental es éste: que en el sacelio se representaba a toda una familia, siervos y libres distintamente.

¿Por qué?

Creo que es muy probable que originalmente las *pilae* y las *maniae* representaran a la familia, reunida simbólicamente una vez al año en torno al *Lar*. Es decir, podemos pensar que en un tiempo la familia se reunía realmente en determinadas fiestas en torno a la tumba del antepasado y después, cuando el culto al antepasado se convirtió en culto al *Lar*, en torno al hogar doméstico[152]; y que entonces, cuando el *Lar* se había desprendido de su origen, es decir, del hogar, convirtiéndose también en un dios agrario, quedaban vestigios de su primitivo vínculo con la familia en una fiesta en la que ésta última se reunía simbólicamente en torno a él.

Al fin y al cabo, esta ceremonia se correspondía perfectamente con la costumbre, que se mantuvo en la Antigüedad clásica, de celebrar la comida fúnebre cerca de la tumba, en la que se suponía

---

II 116: sciendum, in sacris simulata pro veris accipi. Uade, quum de animalibus, quae difficile inveniuntur est sacrificandum, de pane vel cera fiunt et pro veris accipiuntr.

[152] PLIN . XXVIII 267.

que estaba presente el difunto, para reforzar la unidad familiar. El mismo concepto aparece de forma manifiesta en la ceremonia de la Caristia que cerraba los nueve días de la *Parentalia* el 22 de febrero, es decir, honores a los dioses *parentes*. En esa ocasión, todos los miembros de una familia se reunían en un banquete, que era casi el sello de los honores rendidos a los dioses *parentes*.

Este pudo ser el origen de la ceremonia de las *Compitalia*; ni más ni menos que un rito funerario en la tumba del antepasado, en el que se representaba simbólicamente a la familia. Esta conjetura encuentra apoyo en la costumbre romana de que las doncellas suspendieran sus *pupae*[153] y los muchachos sus *bullae*[154] en votos a los *Lares*. Puede ser coincidencia, pero es un hecho que la *bulla* no es más que una *pila* y la *pupa* no es más que una *mania*; y entonces es justo conjeturar que el ritual tenía alguna relación con el ritual de las *Compitalia*: en cuyo caso, ¡nadie querría pensar que las *pupae* de las doncellas —dejando a un lado la *bulla*— representaban sacrificios humanos ofrecidos en su día por las doncellas!

11 El rito funerario propiciatorio

Vemos, por tanto, que las antiguas creencias funerarias romanas estaban —como la propia antigua religión romana— dominadas por el abstraccionismo y el moralismo. En realidad no había «creencias», porque el romano no *creía* nada; había un *hecho*, a saber, la acción real del muerto hacia la familia.

El muerto se concebía así como una energía abstracta vinculada con la familia, pero no ligada a ningún lugar en particular, a ninguna «morada de los muertos»[155]; justo lo contrario que los griegos, que

---

[153]**NdE**: Las *pupae* eran una especie de muñecas, generalmente de terracota, marfil o madera, que servían de juego para las niñas romanas, y que tenía connotaciones infantiles.

[154]**NdE**: Los *bullae* eran amuletos y colgantes que portaban los niños y adolescentes para protegerse de los malos espíritus. Era un complemento exclusivo de los romanos libres y se identificaba con los niños y púberes, llevándose hasta la adolescencia, cuando podían vestir con la toga viril.

[155]Cic. *Tusc.* I XII 27: nuum illud erat imitum priscis illis... esse in morte

tenían ideas muy definidas sobre la morada de los muertos, pero no creían que los muertos seguían participando en la vida familiar. Para los griegos el elemento *fantástico* de la muerte estaba en primer plano, para los romanos el elemento *ético*; para los primeros, el interés se centraba en el *lugar* donde se encuentra el muerto, para el segundo en su *persona*.

Por todo ello, el complejo mítico debió parecer secundario a los romanos, quienes nunca conocieron un complejo de divinidades infernales similar al de los griegos. La única deidad infernal bien determinada era Vediovis, a quien —según los Fastos Venusinos[156]— se dedicaba un agón el 21 de mayo; en los años 196 y 192 a.C. se le prometió un templo como voto por el éxito de una batalla[157]; en una fórmula devocional se le invoca junto con los dioses Manes[158].

Su culto se explica por su carácter infernal que le daba una importancia especial para los votos o devociones. Pero Vediovis no puede ser comparado con el Zeus Ctónico de los griegos, aunque en realidad se corresponde a él, porque antes de los dioses griegos este dios no tenía personalidad mítica, hasta el punto de que los romanos, a pesar de tener por él una profunda «religio», como lo prueba la fórmula de la devoción, nunca lo representaron de ninguna manera, como hicieron los griegos con Hades y los demás dioses; tan cierto es esto que en uno de los dos templos había una imagen del dios que en realidad no era otra que una estatua de Apolo[159]. Vediovis no era, pues, un verdadero dios infernal, es decir, como Hades, el señor del lugar donde van los muertos, sino más bien un oscuro poder infernal similar al de los Dioses Manes.

Las demás divinidades que más tarde se consideraron relacionadas con el mundo de los muertos —Dis Pater, Tellus, Consus y Saturnus— debieron su conexión al hecho de que, siendo dioses agrarios, estaban en cierto modo en contacto con la tierra. Este carácter infernal que

---

sensum, neque excessu vitae sic deleri hominem, tu funditus interiret: idque cum aliis rebus tum e pontificio iure et cacrimoniis sepulchrorum intelligil icet.
[156] CIL. I2 pág. 318.
[157] LAV. 31, 21, 12.
[158] MACR. III 9, 10.
[159] OVID *Fast*, III. 437 s. GELL. V 12,11 s; PLIN. *N. h.* XVI 216.

se les confiere presupone que existía un lugar subterráneo para los muertos; pero este supuesto, por el que en Grecia los dioses de la tierra son también los dioses de *bajo* de la tierra, falta por completo en las primitivas creencias romanas.

El muerto, por tanto, no tiene conexión con ningún lugar, es decir, no tiene vida propia; se trata de una *energía*. El hombre sólo puede catalizarse de una manera, que es la única lógicamente eficaz, dado el vínculo esencial que existe entre los muertos y la tumba; es decir, enterrar a los muertos. Sin este concepto primitivo, de la conexión entre el muerto y el entierro, no se puede entender ni el origen del *Lar*, por un lado, ni el origen del ritualismo funerario romano, por otro.

En los primeros tiempos este ritualismo impregnó el concepto de la íntima conexión entre el muerto y la familia; tanto es así que un extranjero no podía ser enterrado en su *propia tumba* con el ritual de su *gens*[160]. Por supuesto, esta regla se perdió más tarde, pero se mantuvo el concepto de que el rito era necesario para dar paz al muerto y para hacerlo inofensivo. El rito funerario se consideraba para ello necesario: pues los suicidas y los que habían sido asesinados no tenían paz, según los romanos, en el más allá y atormentaban a los hombres[161]. Esta concepción no tenía contenido moral, porque el suicidio no estaba condenado por los romanos, y para los que eran asesinados no había motivo de sanción; se determinó únicamente por el hecho de que el que se suicida y el que es asesinado no pueden pasar por todo el rito (especialmente en ciertos casos, cuando, por ejemplo, el suicidio o el homicidio se produjeron por ahogamiento) y por ello no pueden ser apaciguados.

No se debe creer que el ritualismo funerario romano derivó de la piedad hacia los muertos. Esto fue posterior; pero originalmente era un medio práctico para un fin, es decir, protección contra los muertos. Para ello, el romano procedía como lo hacía con los dioses —digamos— contractualmente. Realizaba ciertas acciones en vista

---

[160] Cic. *Leg.* II 22,55; 26,64; Cil. XIV 766.

[161] Véase el relato de Livio 58,11: Manesque Virginine... per tot domos ad petendas poemas vagati, nulo relicto sonte, tandem quieverunt.

de ciertos fines.

La muerte era en sí misma —como generalmente creían los pueblos primitivos— una cosa impura, de la que había que purificar la casa, para que dejara de ser *domus funesta*. Para restablecer su pureza eran necesarios ciertos actos purificadores, como barrer, fumigar y demás.

Pero hay que señalar que esta idea de impureza no iba dirigida a la *persona del muerto* sino a la *muerte como tal*. Tanto es así que el «barrido» de la casa debía hacerlo el legítimo heredero y se consideraba un acto ritual que se hacía por el muerto[162].

El rito funerario servía así para despojar a la muerte de su impureza y para reconciliar el alma con los vivos. Y como incluso en este caso el rito lo es todo, según se cumplieran o no los ritos necesarios, las almas se distinguían en buenas, es decir, *Lares*, y adversas, es decir, *Lemures*

La sepultura daba a los muertos una fuerza divina[163]; «*iusta facere*» no significa ya rendir honores fúnebres, sino *sepultar*[164] 9, y la sepultura era un *derecho* propio de los muertos. En las XII Tablas se hablaba de *jure manium*: y la jurisprudencia romana daba tanta importancia al rito hacia los muertos como al rito hacia los dioses desde los tiempos más antiguos[165], precisamente porque era necesario congraciarse con los muertos no menos que con los dioses; al fin y al cabo, no había gran diferencia entre unos y otros, porque tanto los muertos como los dioses eran energías abstractas y la muerte divinizaba al difunto (*Di Manes*).

Había que *enterrar* al muerto. El cadáver tenía que estar *enterrado*. Por ello, el rito romano típico era la sepultura, aunque los itálicos utilizaban en su lugar la cremación. Probablemente esto supuso un fuerte alejamiento de la costumbre itálica, y tal vez incluso las creencias relacionadas con la inhumación, proceden de los etruscos,

---

[162]Según Festo (Ep. 37) el *everriator* es aquí acepta haereditate iusta facere defuncto debet.

[163]Wilmanns 1225: opertis manibus divina vis est aeterni temporis.

[164]Fest. 223: iusta non fecisset, id est glebam non obiecisset.

[165]Liv. I 20: Numa pontificis scitis subiecit nec coelestes eaerimonias sed iusta quoque funebria, placandosque Manes.

quienes, precisamente, a diferencia de los itálicos, solían inhumar a los muertos. Lo que es seguro, sin embargo, es que el rito romano original era la inhumación[166], y es significativo que la inhumación santificara el entierro, pero no la cremación, que se consideraba una operación profana[167]. Más tarde se adoptó también la cremación, no porque otras creencias hubieran sustituido a la anterior, sino por razones prácticas[168] y, desde entonces, los dos ritos se practicaron por igual; pero la cremación no arraigó mucho[169] y era utilizada preferentemente por los ricos, a causa de la pompa que exigía la construcción y decoración de la pira: los pobres preferían la simple inhumación.

Puede parecer extraña la indiferencia con la que los romanos pasaban de un rito a otro, ateniéndose a la primera o a la segunda por razones prácticas, sobre todo si se tiene en cuenta la importancia que otras religiones conceden tanto a la cremación como a la inhumación. El romano daba importancia a la *sepultura* y, si ésta tenía lugar, nada le importaba el rito por el que se llegaba a ella. Incluso cuando se quemaba el cuerpo, de hecho, se procedía al enterramiento, al igual que en Grecia después de que el rito de *Kaíein* siguiera al de *Tháptein*[170] y el rito de la sepultura se realizara con una función jurídica, es decir, enterrando una parte del cuerpo, un dedo cortado del cadáver antes de ser quemado (*os resectum*), o enterrando bajo

---

[166]Cic. *Leg* II 22,56: mihi quidem antiquissimum sepulturae genus illud fuisse videtur, quo apud Xenophntem Cyrus utitur: redditus enim terrae corpus et ita locatum ac situm quasi operimento matris obduritur. Plin. VII 54: Ipsum cremare apud Romanos non fuit veteris instituti: terra condebantur.

[167]Ci: *Leg.* II 27,57: Periusquam in os iniecta gleba est locus ille, ubi crematum est corpus, nihil habet religionis: iniecta gleba, tumulus, ubi humatum est, ex gleba vocatur, se tum denique multa religiosa iura complectitur.

[168]Plin. *H. n.* VII 54, 187: post nam longinquis bellis obrutos erui cognovere, tune iustitutum.

[169]Macr. VII 7: licet urendi corpora defunctorum usus nostro saeculo nullus sit.

[170]Paul. pág. 32 M. Bustum proprie dicitur locum, in quo mortuus est combustus et sepultus: ubi vero combustus quis tantummodo alibi vero est sepultus, is locus ab urendo ustrina vocatur: sed modo busta sepulchra appellamus. Cfr. Serv. *Ad Aen*, XI 201, III 22.

una *glebaun* un hueso extraído de los restos de la cremación[171]. Y cuando faltaba el cuerpo, como por ejemplo si uno moría ahogado, la sepultura se realizaba no obstante mediante entierros ficticios y erigiendo un cenotafio.

La casuística romana enseñaba además que el heredero de alguien asesinado en un barco y arrojado al mar estaba obligado a realizar el sacrificio anual de la *porca praecidanea*, a observar tres días de descanso y a ofrecer el sacrificio expiatorio de una cerda. Sin embargo, la familia no contraía impureza alguna, ya que no había un cadáver insepulto. En cambio, el heredero de alguien que, al caer, se ahogaba en el mar no tenía ninguna obligación, y la familia permanecía pura[172]. Todo esto demuestra que, aún cuando la razón originaria de la importancia, así como de la necesidad, de la sepultura era del todo olvidada, permanecía en Roma esta especie de persuasión de que la sepultura era necesaria y que, en realidad, era la única forma de rito fúnebre verdadero y justo.

Si el muerto no recibía sepultura, su familia era *funesta* y él se convertiría en un *Lemur*. Por tanto, faltar a los deberes para con los muertos traía mala suerte[173]. Así que enterrar a los muertos era, más que un deber, una necesidad. Cualquiera debía arrojar un puñado de tierra sobre un cadáver insepulto y quien no presentaba sus respetos fúnebres a un muerto debía realizar el sacrificio expiatorio de la *porca praecidanea*. La necesidad de enterrar al muerto, no para honrarlo sino para darle prácticamente una sepultura, queda demostrada por la costumbre en Roma de extraer un dedo del cuerpo del difunto, antes de incinerarlo, para dar a esta parte una sepultura simbólica que equivalía a la sepultura real.

Según se sepultaran o no los cuerpos, las almas eran buenas o adversas, como hemos dicho. De ahí las dos fiestas aparentemente contradictorias: *Parentalia* y *Lemuria*. En el mediodía del 13 de febrero comenzaban los dies parentales, durante los cuales los ma-

---

[171] Cic. *De Leg.* II 22,55; Varr. *L. l.* V 23, Fest. *Ep.* 156 M; Plut. *Quaest. Rom.* 79: Plin: *N. h.* VII 54,187.
[172] Cic. *De Leg.* II 22,57.
[173] Fest. *Ep.* 77 M: (el heredero) insta facere defunto debet, qui si non fecerit, seu quid in ea re turbaverit suo capite luat.

gistrados vestían la *pretexta*, los templos permanecían cerrados, no se celebraban bodas y las familias decoraban sus tumbas y ofrecían regalos a los difuntos.

Las *Parentalia* se dedicaban, como su nombre indica, a los *parentes*, es decir, a los antepasados, que velaban por la casa, y terminaba el 22 de febrero con la *Caristia* o *Cara cognatio*, que reunía a todos los miembros de la familia en un banquete. La *Lemuria* comenzaba el 9 de mayo y duraba tres días, durante los cuales los templos permanecían cerrados y no podían celebrarse bodas; tenían por objeto alejar de las casas a los *Lemures* (o *Larvae*), es decir, las almas de los muertos que vagaban por la noche. A medianoche, el *paterfamilias* se levantaba, se lavaba las manos tres veces con agua de manantial y se paseaba descalzo, chasqueando los dedos y metiéndose en la boca judías negras, que arrojaba detrás de sí, diciendo nueve veces sin mirar atrás: «esto arrojo, con esto me rescato a mí y a los míos». Luego volvía a lavarse las manos y finalmente hacía resonar jarrones de bronce, diciendo nueve veces: «*Manes, exite paterni*[174]».

Las dos fiestas son de carácter opuesto. *Parentalia* es una expresión de simpatía y reverencia hacia los muertos, *Lemuria* en cambio parte de un sentimiento de miedo y repulsión; la primera fiesta es un verdadero culto rendido a los muertos, la segunda, un verdadero exorcismo contra los muertos, una antigua operación de magia popular: Ovidio la llama «*vetus ritus*». Las dos fiestas no pueden conciliarse: esos Manes que reciben tantas muestras de afecto durante la *Parentalia* no pueden ser los mismos que en la *Lemuria* son ahuyentados lanzando judías negras y golpeando cuencos. Pero los propios nombres de las dos fiestas explican el enigma: la primera fiesta es para los *parentes*, es decir, para los muertos que *han* sido sepultados por la familia y la protegen, la otra es para los *Lemures*, es decir, para los muertos que *no* han sido sepultados y, por tanto, son temidos. No hay que olvidar, para este último punto, que había entonces muchos *Lemures*, es decir, muchas almas de personas cuyos cuerpos quedaban insepultos: esclavos, cuyos cuerpos eran arrojados a los perros y a las aves, costumbre que persistía en tiempos de

---

[174]Ov. *Fast.* V 421.

Horacio[175]. Por lo tanto, los romanos siempre tuvieron que temer a los malos espíritus. Está claro que originalmente la primera fiesta sólo se aplicaba a los miembros de la propia familia, como de hecho siempre se mantuvo en esencia, mientras que la segunda no estaba destinada a determinar las almas, sino para aquellos que no habían recibido sepultura y que, por tanto, debían considerarse nocivos.

Concluyendo, toda creencia sobre ultratumba de los antiguos romanos, se basa en la concepción abstracta de la muerte: el romano primitivo no podía decir en qué se convierte el hombre cuando muere ni dónde está: sólo sabía que el muerto se convierte en una energía que permanece presente en la familia y puede ser propiciada mediante el rito.

---

[175]Hor. *Sat.* I 8,14. *Epod.* V 99.

Vittorio Macchioro

II

1 La helenización de la antigua religión romana.

Esta religión romana primitiva fue poco a poco corroída y destruida por la invasión gradual de la religión griega, que, con su antropomorfismo y esteticismo, se impuso fácilmente al moralismo abstracto romano.

Este inmenso proceso, que constituye una de las más graves lecciones que puede proporcionar la Historia, debe considerarse desde dos puntos de vista. Desde el punto de vista genérico, es decir, *histórico*, no es más que un aspecto de la extraordinaria influencia ejercida por la civilización griega sobre Roma y, como tal, no ofrece tema ni discusión; de hecho, es natural que los romanos se sintieran atraídos por la religión griega del mismo modo que, por ejemplo, por el arte griego.

Pero desde un punto de vista específico, es decir, como hecho *religioso*, la helenización de la religión romana plantea varios puntos oscuros. En primer lugar, hay que señalar que los romanos, al aceptar el arte griego, no destruyeron ni deformaron en absoluto ningún arte romano preexistente; tampoco destruyeron ni deformaron ninguna filosofía romana preexistente cuando se sintieron fascinados por la filosofía. La helenización de la religión, en cambio, no sólo introdujo nuevos dioses en Roma, sino que destruyó o deformó hasta la médula la religión autóctona. Por tanto, la causa genérica que basta para explicar el advenimiento del arte o la filosofía en Roma no es suficiente para explicar la helenización de la religión romana. Tuvo que haber una causa específica más poderosa.

Además, el proceso del que hablamos tiene un carácter de sistematicidad impresionante. Comparando los distintos ámbitos culturales en los que se ejerció la influencia griega —arte, filosofía y religión— encontramos en el ámbito religioso una metodología, casi una voluntad precisa que va más allá del accidente puramente histórico. Observando el curso del arte romano en su transición al arte griego, sentimos que nos enfrentamos a un proceso histórico de tipo común; observando, por otra parte, la transición de la antigua religión romana a la religión griega, percibimos un tipo de proceso más deliberado que espontáneo, como si estuviera determinado por una voluntad.

Nos esforzaremos ahora por demostrar que hubo realmente una voluntad; y para dejar claro nuestro pensamiento, diremos, anticipándonos a las conclusiones, que esta voluntad fue el *Estado*, y que la helenización, que deformó y corrompió el antiguo moralismo abstracto romano, fue una —y desde luego con mucho la más grave— consecuencia de la coincidencia de religión y política.

¿Por qué el estado romano, que debería haber sido el guardián de la religión antigua, encontró necesario convertirse en su corruptor sistemático? Eso es lo que veremos.

Mientras tanto, comencemos hablando del instrumento de esta voluntad estatal: los libros sibilinos.

Todo el mundo conoce la historia que cuenta la tradición: una anciana se presentó un buen día ante Tarquinio Soberbio y le ofreció nueve libros de oráculos para vendérselos, y como él se negó, ella quemó tres, luego otros tres, hasta que el rey compró los últimos; que fueron depositados en el templo de Júpiter Capitolino y confiados a la custodia de dos magistrados (duumviri sacris faciundis) que más tarde se convirtieron en diez (decemviri) y finalmente en quince (quindecemviri).

Bajo esta leyenda se esconde quizá el hecho más misterioso y decisivo de toda la historia religiosa de Roma, y punto de partida de un inmenso proceso de helenización. El punto central de este proceso debió de ser, antes de la conquista de la Magna Grecia, Cumas. De Cumas, con toda probabilidad, procedía el culto a Apolo y, en relación con él, de Cumas llegaron los Libros Sibilinos, que no eran más que un trasplante de la religión sibilina a Roma, cuyo centro era la Cueva de la Sibila en Cumas. Confiadas a los decemviri y más tarde a los quindecemviri sacris faciundis, cuya tarea era custodiarlas e interrogarlas por orden del Senado, se perdieron en el incendio que destruyó el Capitolio en el año 83 d.C. Se envió entonces una comisión que visitó todos los centros más famosos de la religión sibilina —como Samos, Ilión, África, Sicilia y Eritrea— restituyendo cerca de mil versos, a los que se añadieron otros, conseguidos aquí y allá por personas encargadas para tal efecto, algunos de ellos incluso falsificados[176]. Augusto ordenó una revisión; Tiberio hizo lo mismo[177]. Desde luego, por las razones que ahora diremos, esta revisión estuvo muy lejos de lo que sería una depuración filológica o histórica: probablemente tuvo una finalidad política.

Este revoltijo se colocó en el nuevo Capitolio, donde habían estado los primeros libros, cumpliendo las mismas funciones: y permaneció allí, en plena actividad oracular, hasta la época de Juliano. La función de los libros sibilinos no fue tan profética como pudiera creerse; es decir, de ellos, salvo en algunos casos muy raros como el de Majencio, a quien predijeron que moriría si abandonaba las murallas[178], no se extrajo ninguna profecía, sino reglas sobre los ritos que debían realizarse para atraer de nuevo el favor de los dioses. Por tanto, tenían una función esencialmente *litúrgica*, y precisamente por eso fueron tan importantes en la historia de la religión romana. El oráculo de Delfos, que en Grecia tenía una función puramente

---

[176]DION. HAL. 62,6: οἱ δὴ νῦν ὄντες, ἐν πολλαῖς εἰσι συμφόρητοι τῶν τόπων· οἱ μὲν ἐκ τῶν ἐν Ἰταλίᾳ πόλεων κομισθέντες, οἱ δ' ἐξ Ἐρυθρῶν τῶν ἐν Ἀσίᾳ.... οἱ δ' ἐξ ἄλλων πόλεων, καὶ παρ' ἀνδρῶν ἰδιωτῶν μεταγραφέντες, ἐν οἷς εὑρίσκονται τινὲς ἐκπεποιημένοις τοῖς Σιβυλλείοις· ἐλέγχονται δὲ ταῖς καλουμέναις ἀκροστιχίσι.
[177]SVET. *Aug.* 31: Cfr. TAC. *Ann.* VI 12: CASS. DXLVII; 18,6.
[178]LACT. *De mort. Per.* 44.

profética, influyó mucho menos en el desarrollo de la religión griega.

Los libros sibilinos eran una colección de sentencias o prescripciones ordenadas acrósticamente que, debido a su oscuridad, se adaptaban fácilmente a todos los casos[179]. Además, nadie excepto los decemviri podía verlos; fue uno de los primeros decemviri, M. Atilio, quien se atrevió a comunicar alguno de ellos a un extraño, y por ello fue condenado al terrible castigo reservado a los parricidas. Augusto ordenó, para preservar mejor el secreto, que los quindecemviri transcribieran de su puño y letra los versos que se habían vuelto ilegibles[180], operación que tal vez no se llevó a cabo según criterios estrictamente filológicos. Tampoco los sacerdotes, tras haberlos consultado, comunicaban el texto de la respuesta al senado, por cuya orden se había celebrado la consulta, sino que ponían por escrito su contenido[181]. Por supuesto, sería ingenuo creer que los quindecemviri, en sus consultas, se atenían estrictamente al texto, y que, dadas las graves razones políticas y sociales que motivaron las preguntas, fueran tan incapaces de encontrar en una serie de textos oscuros y maltrechos, no controlables por nadie, precisamente la respuesta que se necesitaba. Al fin y al cabo, tampoco había ni hay certeza de que la «respuesta» estuviera realmente contenida en los propios libros. Sobre todo porque, como se ha dicho, la función de los Libros Sibilinos era esencialmente política.

Este es un punto que merece consideración.

Los romanos eran naturalmente reacios a cualquier forma de misticismo. El profetismo y el oracularismo, tan comunes en Grecia, eran absolutamente ajenos a su espíritu práctico y sólido, hasta el punto de que de vez en cuando se producían verdaderas cruzadas

---

[179]Cic. *Div.* II 110: callide enim qui illa composuit perfecit ut quodeumque accidisset, praedictum videretur hominum et temporum definitione sublata. Adhibuit etiam latebram obscuritatis, ut idem versus alias in aliam rem posse accomodari viderentur. Non esse autem illud carmen furentis cum ipsus poema declarat, est enim magis artis et diligentiae quam incitaionis et motus.

[180]Dio. Cass. LIV, 17,2.

[181]Cass. Dio XXXIX, 15,3: οὐ γὰρ ἐξῆν οὐδὲν τῶν Σιβυλλείων, εἰ μὴ ἡ βουλὴ ψηφίσαιτο, ἐς τὸ πλῆθος ἐξαγγέλλεσθαι. Comm. Bern. *ad Luc.* I 564 Usener: exitiosum est versus sibyllinos publice dicere.

contra todo tipo de libros mágicos o proféticos. Una de ellas fue dirigida por el pretor M. Atilio por orden del senado, cuando un terrible contagio místico hizo estragos en Roma[182]. Con el fin de librar al pueblo de «supersticiones», el pretor ordenó que todo aquel que poseyera libros de vaticinios u oraciones los entregara en un plazo determinado. Augusto hizo lo mismo y llegó a confiscar y quemar más de dos mil de estos libros[183].

Por lo tanto, si ese mismo Estado que tan gustosamente iba a la guerra contra los libros proféticos de todo tipo daba tanta importancia a los únicos libros sibilinos, esto era sin duda por razones que eran cualquier cosa menos religiosas. Por lo general, estas razones eran estrictamente políticas, como cuando la justificación de algún acto político se extrajo de los libros: por ejemplo, la expulsión del rey Ptolomeo Auletes de Egipto fue «ordenada» por los libros sibilinos

La mayoría de las veces, la acción de los libros sibilinos era más bien social, es decir, servía, sobre todo en tiempos graves, para calmar al pueblo inquieto por las pestes o los prodigios o las catástrofes, sugiriendo ceremonias o sacrificios propiciatorios. Esta fue su función más importante hasta la época imperial tardía: Adriano, Gordiano, Galieno, Aureliano, Floriano, los utilizaron más o menos para este fin[184]. Y por esta función fueron tan importantes en la historia religiosa de Roma.

De hecho, en la época republicana, siempre que el senado recurrió a ellos en alguna coyuntura similar, para saber cuál sería el medio más adecuado para ganarse el favor de los dioses, los libros sibilinos nunca dieron el menor consejo que tuviera como efecto reavivar un culto caduco de la religión antigua o devolver el honor a una

---

[182]Liv. XXV, 1,11 s: tanta religio, et ea magna ex parte externa, civitatem incessit, ut aut homines aut dii repente alii viderentur facti, nec iam in secreto modo atque intra parietes abolebantur Romani ritus, sed in publicum etiam ac foro Capitolioque mulierum turba erat, nec sacrificantium nec precantium deos patrio more.

[183]Svet. *Aug.* 31: quidquid fatidicorum librorum Graeci Latinique generis, nullis vel parum idoneis auctoribus, vulgo ferebantur supra duo millia contracta undique cremavit.

[184]Hist. Aug. *Hadr.* 2,8; *Gord.* 26,2; *Gall*; *Aur.* 18,5; *Florian* 3,6.

arcaica divinidad olvidada; sino que siempre ordenaban el culto de divinidades griegas o ritos hasta entonces desconocidos en Roma. Y así es como se convirtieron en los instrumentos más eficaces para la helenización de la religión romana.

A través de ellos, la evolución religiosa del pueblo romano cambió de rumbo y de método, de modo que divinidades muy distintas de los antiguos dioses entraron en Roma a través de ellos.

En los momentos más trágicos de la historia de Roma, y especialmente durante las guerras púnicas, cuando parecía que Roma estaba a punto de desmoronarse, el senado ordenó a los decemviri que consultaran los libros sibilinos y también, de forma sistemática, la introducción de cultos o ritos griegos. En el año 399 a.C., durante una peste, ordenaron el primer lectisternio[185] jamás visto en Roma; en el año 291 a.C., también para evitar una epidemia de peste, trajeron a Esculapio a Roma; en el año 258 a.C., durante una hambruna, llamaron a Deméter, Dionisio y Core a Roma; en el año 249 a.C., a raíz de ciertos prodigios, ordenaron la introducción de Dis Pater y Proserpina; en el año 217 a.C., tras la batalla en el lago Trasimeno, ordenaron la introducción de Venus Ericina y *Mens*; en el año 205 a.C., a la espera de las batallas decisivas contra los cartagineses, de Magna Mater; en el año 140 a.C., tras otros prodigios, ordenaron la introducción de Afrodita Apostropha (Venus Verticordia). Y con los nuevos dioses entraron en Roma nuevos ritos, siempre por orden de los Libros Sibilinos: el sacrificio humano en el año 226 a.C., repetido en el año 216 a.C., con el entierro de dos galos y dos griegos vivos en el Foro Boario; el *ieiunium Cereris* penetró en el año 191 a.C., después de algunos prodigios; las estatuas de oro ofrecidas a Apolo, Esculapio, Higía en el año 180 a.C., lo hicieron durante una epidemia de peste.

Las divinidades y ritos así introducidos por orden de los Libros Sibilinos estaban muy alejados del espíritu romano. Dis Pater, Proserpina y Magna Mater, eran divinidades completamente desconocidas

---

[185]**NdT**: En la antigua Roma, banquete sagrado en el que se ofrecía comida a imágenes de divinidades tumbadas en un lecho con el brazo izquierdo apoyado en una almohada.

para los romanos. Y cuánta repugnancia sentía a veces el propio senado por estos dioses desconocidos, que introducía e imponía a los romanos, lo prueba el hecho de que, después de haber enviado con un arrebato de verdadero fanatismo[186] nada menos que cinco distinguidos personajes, con cinco naves, a Átalo para conseguir la piedra negra de la Magna Mater de Pesinunte, y después de haber introducido esta extraña divinidad en Roma con inmensa pompa, sin embargo, prohibió a los ciudadanos romanos participar en las ceremonias de Cibeles[187] e hizo venir para celebrarlas a hombres apropiados de Frigia: tan insoportables les parecían a los romanos aquellos sacerdotes castrados, aquellas orgías desenfrenadas y aquella locura; señal muy clara de que no eran motivos religiosos los que llevaban al senado por ese camino.Y Livio, al relatar el horrible sacrificio de los galos y griegos enterrados vivos, no puede dejar de señalar que tal rito no era romano[188].

Nadie pensaría ciertamente que los libros sibilinos contenían realmente la orden de introducir la Magna Mater o a Dis Pater en Roma, y de celebrar lectisternios o sacrificios humanos; está claro que los decemviri encontraban allí estas prescripciones porque *debían* encontrarlas. Los libros sibilinos sirvieron, en otras palabras, como instrumento para una determinada política religiosa que respondía a un diseño.

Esto es precisamente lo que importa. ¿Por qué, en definitiva, el Senado utilizó los libros sibilinos no para restaurar la antigua religión, sino para subvertirla y arruinarla?

La antigua religión no era adecuada para los terribles acontecimientos de las guerras púnicas. Era una religión simple y tosca, adaptada para la vida de una tribu de pastores, pero inadecuada para los grandiosos acontecimientos de la posterior historia romana y especialmente de las guerras púnicas. Entre la antigua religión y la historia romana había disconformidad: la primera no se adaptaba

---

[186]Liv. XXIX, 10: civitatem eo tempore repens religio invaserat, invento carmine in libris sibyllinis.
[187]Dion. Hal. II 19.
[188]Lav. XXII, 57,6: minime romano sacro.

a la segunda. Ahora bien, frente a las catástrofes de las guerras púnicas, esta vieja religión, hecha de ritos momentáneos referidos a acontecimientos comunes, no encontraba una palabra sólida: el romano se sentía solo.

A nuestra historiografía tradicional le gusta imaginar al romano impasible ante las catástrofes más terribles; en realidad no fue así, y basta leer a Livio para convencerse de ello. Quienes realmente permanecieron impávidos ante las catástrofes más espantosas fue el senado, que nunca dio el menor signo de debilidad; pero el pueblo romano era otra cosa. Durante la Segunda Guerra Púnica experimentó tremendas crisis de abatimiento que pudieron hacerles perder. Y estas crisis eran tanto más graves cuanto que no encontraban una válvula de escape en la antigua religión. Fue el senado el que encontró una salida a la crisis, dando a la necesidad de fe del pueblo romano nuevas metas, nuevas formas, que devolvieran la calma y la confianza; metas y formas que fueron proporcionadas por la religión griega: y el instrumento para poner en práctica la nueva orientación fueron los libros sibilinos.

Para comprender qué poderosa herramienta eran, desde este punto de vista, los libros sibilinos para el senado, basta leer lo que dice Livio al describir el torrente de entusiasmo que invadió al pueblo cuando se encontró en ellos un oráculo: que sería posible vencer al enemigo y expulsarlo de Italia si traían la Magna Mater de Pesinunte[189], que era una divinidad completamente ajena al pueblo romano. De este modo, los dioses griegos entraron en Roma, y la forma en que lo hicieron les otorgó una clara superioridad sobre los dioses latinos. De hecho, los dioses latinos, o dioses itálicos en general, habían entrado en Roma como vencidos, como parte del botín de guerra, o porque habían reconocido el buen derecho y la superioridad de los romanos. Roma, en efecto, les había hecho un llamamiento para que abandonaran a su enemigo y se volvieran

---

[189]Liv. XXIX, 10: civitatem eo tempore recens religio invaserat, invento carmine in libris sibyllinis, propter erebrius eo anno de coelo lapidatum inspeetis, quandoque hostis alienigena terra Italiae bellum intulisset, eum pelli Italia vincique posse, si mater Idea Pessinunte Roman adveca foret.

hacia ella, prometiendo en ese caso rendirles el culto debido; pero esta propuesta era fruto de un acto de reflexión mucho más que de un acto de fe; era la consecuencia lógica del ius divinum. En realidad entre los dioses itálicos y Roma, esta última había resultado más fuerte: el hombre había decidido en última instancia el destino del dios. Y si Roma honraba ahora a los dioses que no habían podido o no habían querido defender a sus adoradores, era precisamente por un respeto curial al ius divinum, no por verdadera fe; pues los romanos ciertamente no podían tener mucha fe en estos dioses fruto de la victoria.

Muy distinto fue el caso de los dioses griegos. Roma no se presentó ante ellos como un futuro vencedor al que convenía seguir, sino como alguien que depositaba en ellos su única esperanza de victoria. Y no les hizo ninguna altiva promesa en caso de que quisieran escucharla, sino que se puso enteramente en sus manos, convencida de que solo ellos podrían salvarla. No negoció con ellos por una necesidad casuística del *ius divinum*, sino que recurrió a ellos porque una misteriosa revelación había indicado que solo ellos podían salvarla. Esta vez, el dios era más fuerte que el hombre. Por eso, los dioses griegos fueron buscados y acogidos con un fanatismo que probablemente nunca se tuvo por los dioses itálicos. A los ojos de los romanos, ellos aparecieron como los verdaderos salvadores.

2 Propiciada por la crisis religiosa y política.

Detrás de esta política había varias razones que explicarán mejor por qué con tanta aparente facilidad Roma olvidó a sus antiguos dioses y se volvió hacia los dioses griegos. Hay que detenerse un poco en la función general de la religión en la vida humana para deducir si la antigua religión romana era capaz de cumplir esta función, y para darse cuenta de que si los romanos abandonaron a sus dioses por los dioses griegos fue porque estos últimos eran más que capaces de cumplir esta función.

La religión es una actividad práctica del espíritu; sirve para salvar al hombre. Una religión que sólo contenga valores abstractos no sería capaz de transformar al hombre, de hacerlo más capaz de superar los obstáculos de la vida, de redimirlo del dolor y del mal, claramente no sería digna de consideración; la religión, en una palabra, tiene una función y una naturaleza soteriológicas, y cuanto mayor sea su forma soteriológica, mayor será su valor ante los hombres.

Si las religiones mistéricas acabaron asumiendo tanta importancia frente a la religión estatal griega, mucho más fuerte y atractiva que ellas, fue precisamente por su contenido soteriológico. Lo mismo puede decirse del zoroastrismo frente al parsismo, del budismo frente al brahmanismo, del cristianismo frente al judaísmo.

Ahora bien, la religión romana no tenía ningún contenido soteriológico. Era una religión pequeña, tosca y pobre, buena para las ocasiones comunes de la vida, totalmente incapaz no sólo de dar al hombre cualquier interpretación o explicación del mundo, sino también de elevar al hombre por encima de los acontecimientos dolorosos y graves de la vida, haciéndole capaz de superar el destino y crearlo. Los dioses romanos eran buenos para los pequeños detalles, para ayudar al niño a comer y al campesino a cultivar, pero no para apoyar al hombre en el momento en que se decide su destino. Los dioses de los Indigitamenta eran buenos para la administración ordinaria, eran adecuados para la pequeña vida campesina o provinciana compuesta de episodios comunes, que se desarrollaban con regularidad, sin sobresaltos y sin dramatismo. Los antiguos dioses eran adecuados para asistir al campesino itálico en las diversas fases de su vida cotidiana, no lo eran, sin embargo, para apoyar al pueblo romano en los diversos momentos de su trágica historia. Si alguna vez hubo un pueblo que necesitara una religión fuerte y viva, que pudiera ofrecer apoyo en tiempos difíciles, ése fue el pueblo romano, que se enfrentaba a dificultades cien veces mayores que las que habían supuesto Maratón, Salamina y Platea para los griegos. Y los romanos no tenían ni una milésima parte de la fe que animaba a los griegos de entonces; entre los romanos que combatían en la Trebia, en el Trasimeno y en Cannas, no había nadie capaz de orar a los dioses como lo hacía Esquilo.

Sin embargo, este pueblo tan tosco en lo religioso tuvo en la historia una tarea política, para la que sólo la fe de un Lutero sería suficiente. Las terribles luchas contra los itálicos, contra Cartago, contra el mundo entero, son más dignas de un pueblo que adora a Yahvé que de un pueblo que invoca a los dioses de los Indigitamenta. Ahora bien, en esta inmensa serie de esfuerzos, que a veces parecían superiores a las fuerzas humanas, iba a llegar el momento en que la religión se mostraría inadecuada a las exigencias de la historia. Mientras esto fue posible, el romano sustituyó la fe por el rito: trató de extraer todo lo que pudo de su religión a fuerza de ritos, multiplicó las prácticas para obtener de los dioses lo que no podía conseguir a través de la fe. En última instancia, en el ritualismo romano había una buena dosis de desconfianza hacia los dioses romanos.

La razón profunda de esta vacuidad e impotencia de la religión romana reside en su sentido abstracto. Los dioses romanos eran nombres, no personas; los romanos *pensaban* en ellos como reales, pero no los *sentían* como reales; tenían la íntima debilidad de quienes nombran a Dios muy a menudo pero no sienten su presencia. Eran *pensamientos* que aparecían en un momento dado, en relación con un hecho dado, una circunstancia dada, pero ninguno de ellos tenía una protección duradera sobre la vida humana. Pasado el momento, el dios era olvidado. No porque no se creyera en él, sino porque cedía su turno a otro dios no menos efímero que él. Y entre estos innumerables dioses, cada uno de los cuales era muy capaz en relación con su atribución particular, no había ninguno que pudiera asistir al hombre en el momento trágico del destino, excepto el *Genio*, que era, sin embargo, demasiado genérico y vago para ser invocado en circunstancias concretas, y para protegerlo todo acababa por no proteger nada. Así, el romano, que había estado bajo la protección sucesiva de muchos dioses desde que aún estaba en el vientre de su madre, se encontró sin ninguna protección tras la batalla de Cannas: no había ningún dios concreto al que invocar en la derrota; los Indigitamenta lo habían previsto todo menos la catástrofe. Y con todos sus innumerables dioses en la catástrofe, el romano se sintió solo.

Para comprender la gravedad de esta condición de espíritu, hay que describir el drama interior de la historia romana. Sería realmente inútil repasar aquí la historia de Roma: basta hojearla para tener la impresión continua de un pueblo que se siente al borde del abismo y que sólo se salva por la fuerza de voluntad. En la historia griega, sólo hay un momento en el que se tiene esta impresión, y es durante las guerras persas; en Roma, en cambio, esta especie de lucha con el destino es, podría decirse, una constante. Basta pensar en la invasión gala, las guerras contra los Equios, los Volscos, los Etruscos, las guerras samnitas, las guerras contra Pirro, las guerras púnicas, los momentos trágicos como las derrotas de Camerinum, Heraclea, Cannas y Trasimeno, para darse cuenta de esa terrible tensión.

Mucho más grave en la medida que los romanos, por temperamento, siempre trabajaban duro y no daban marcha atrás. «Los romanos —dice maravillosamente Polibio[190]— al emplear la fuerza en todo y convencidos de que lo que han decidido necesariamente debe cumplirse, y de que nada les es imposible una vez que lo han determinado, logran el éxito en muchas cosas gracias a este impulso». Sin duda Polibio tiene razón al afirmar que tales temperamentos conducen al éxito; pero también es cierto que el fracaso tiene para ellos consecuencias mucho más graves que para temperamentos menos extremos.

Especialmente durante las guerras púnicas este duelo con el destino debió alcanzar a veces un paroxismo espantoso. Livio nos ofrece imágenes muy vívidas de esta Roma fanática y obstinada, llena de supersticiones y temores, que ve horribles milagros en todo, y no sabe a veces a qué dios dirigirse para evitar la ruina, y que se desmoronaría si la mano de hierro del senado no la mantuviera unida. Tras la batalla de Cannas, después de muchos prodigios, dos Vírgenes Vestales son acusadas de haber violado la castidad; una es enterrada viva, la otra se suicida; uno de los seductores es pasado a cuchillo en el Foro por el pontifex maximus. Q. Fabio Pictor es enviado para interrogar al oráculo, y los libros sibilinos ordenan enterrar vivos en

---

[190] POLYB. I 37,7.

el Foro a dos galos y dos griegos[191]. En los montes Albanos —cuenta Livio en otro lugar[192]— un rayo alcanza una estatua de Júpiter y un árbol cercano al templo; en Ostia se ve afectado el lago; en Capua un muro y el templo de la Fortuna; en Sinuessa el muro y la puerta; en Alba Longa fluye un río de sangre; en Roma una estatua en el templo de Fortuna, aparece con un ornamento en la mano que antes estaba en la corona; en Priverno habla un buey y sobrevuela el foro un buitre; en Sinuessa nace un andrógino, llueve leche y nace un niño con cabeza de elefante. Y así, tras las oraciones y súplicas habituales, se recurre al dios extranjero por excelencia, Apolo.

En otra ocasión[193] el templo de Juno Lucina es alcanzado por un rayo, en Puteoli son fulminados el muro y la puerta y mueren dos hombres, en Norcia se desata una tormenta y mueren dos hombres, en Túsculo llueve tierra, en Reate una mula da a luz; se consultan los libros sibilinos ordenando ceremonias y sacrificios. En otra ocasión, cuenta Livio[194], en Veyes llueven piedras, caen rayos en Minturno sobre el templo de Júpiter y sobre el luco de Marica, en Atella sobre el muro y sobre la puerta, en Minturno corre un hilo de sangre por la puerta, en Capua un lobo mutila a una centinela por la noche, en Roma llueven piedras, en Frosinone nace un niño del tamaño de un infante de cuatro años y no se sabe si es niño o niña, por lo que se decide encerrarlo vivo en una caja y arrojarlo al mar. Los pontífices deciden que veintisiete niños canten un salmo que compuso Livio Andrónico; pero mientras lo cantan, cae un rayo sobre el templo de Juno en el Aventino y los decemviri ordenan una procesión desde el templo de Apolo hasta el de Juno portando ídolos e imágenes divinas según la costumbre griega. En otra ocasión —es de nuevo Livio quien habla[195]— dos bueyes suben por las escaleras al tejado de un edificio y son quemados vivos por orden de los arúspices y sus cenizas son arrojadas al Tíber; en Terracina y Amiterno llueven piedras; en Minturno el templo de Júpiter es fulminado; en Volturno

---

[191] Liv. XXII 57.
[192] Liv. XXVII,
[193] Liv. XXXVII, 15.
[194] Liv. XXVII, 37.
[195] Liv. XXXVI, 37

dos barcos son incendiados por un rayo; y entonces los libros sibilinos ordenan un ieiunium Cereris.

En otra ocasión, en Anagni se ve una antorcha en el cielo y una vaca habla en público; en Minturno se ven llamas en el cielo; en Reate llueven piedras; en Cumas la estatua de Apolo llora durante tres días y tres noches; en Roma aparece una serpiente en el templo de la Fortuna y crece una palmera en el templo de Fortuna Primigenia, llueve sangre en la casa de T. Marcio Fígulo; en Fregellae, en la casa de L. Atreio, una lanza arde durante dos horas a diferentes intervalos[196]. Los libros sibilinos, cuestionados como de costumbre, prescriben sacrificios y súplicas, esta vez sin introducir nuevos dioses.

Es inútil dar más ejemplos de este viento de locura que de vez en cuando azotaba al pueblo romano y le hacía ver milagros monstruosos por todas partes y le impulsaba locamente a buscar un algo que ellos mismos desconocían: un nuevo dios, un nuevo rito, una nueva fuerza para salvarse. En esos momentos Roma ya no se reconocía a sí misma. «Tanta religión —dice Livio hablando del año 213 a.C.[197]— invadió a la ciudadanía, y en su mayor parte procedía del exterior, que, de repente, tanto los hombres como los dioses parecían haberse vuelto diferentes. No solo los ritos romanos fueron ahora abolidos en secreto y en los hogares, sino también en público; y en el foro Capitolino había una multitud de mujeres que ni sacrificaban ni rezaban según la costumbre patria». Y los sacrificadores y profetas cautivaron las mentes de los romanos, a lo que añadieron fanatismo los campesinos empujados a la ciudad por la miseria y el terror, al haber quedado los campos sin cultivar por las guerras constantes.

¡Cuál debió de ser el estado de ánimo del pueblo en aquellos terribles años, cuando Livio, después de tanto tiempo, nos lo transmite tan vívidamente! Fueron estos años los que decidieron el destino de la religión romana. Cannas y Trasimeno demolieron a los antiguos dioses romanos mejor que diez Lucrecios. Sin la catástrofe de la Segunda Guerra Púnica, los dioses antiguos habrían muerto poco a poco de muerte natural, permaneciendo nominalmente vivos durante

---

[196] Liv. XLIII, 13.
[197] Liv. XXV, 1.

siglos, y los dioses griegos habrían entrado en Roma discretamente, como extranjeros sospechosos, por obra de un pequeño grupo de creyentes. La Segunda Guerra Púnica les abrió la puerta de par en par y puso al pueblo a sus pies.

Nada más trágico que este pueblo duro y tenaz que, en la hora de la prueba, se ve abandonado por sus dioses y se arroja en brazos de dioses desconocidos con la única necesidad de ser salvado, provocando, sin ni siquiera intuirlo, un trastorno religioso fatal no sólo para él, sino para el mundo.

3 La superioridad mítica de los dioses griegos

Y he aquí que vinieron los nuevos dioses: vinieron los salvadores. Uno tras otro, como tantos triunfadores. Todos los más venerables, los menos conocidos y comprendidos.

Y el romano los recibió con un espíritu nuevo. Comprendió que ahora eran los amos: y, mientras que con los antiguos dioses había negociado, ahora aprendió a prestar adoración. Sabía que si invocaba a uno de los dioses de los *Indigitamenta* en el momento en que estaba al mando, sería respondido; no se abandonó a ese dios, sino que le sirvió. En cambio, a los dioses griegos se dirigía no sólo porque tenía necesidad, sino porque sentía que su salvación dependía de ellos. Conocía muy bien al dios romano, pero pensaba que de él sólo dependía una parte o un momento de su vida; desconocía por completo a los dioses griegos, pero esperaba de ellos la salvación.

Y en la crisis religiosa que Roma atravesó durante las guerras púnicas, los dioses griegos parecían los más adecuados. Eran, ante todo, dioses esencialmente políticos; a diferencia de los dioses romanos, los dioses griegos estaban personalmente relacionados con la *historia* y la *política*, que dependían en gran medida de ellos. Solo hay que conocer un poco de mitología griega para saber qué enorme papel asignaba la tradición de los dioses griegos en el origen, a la historia y la ruina de las ciudades. Basta con pensar en las epopeyas troyanas y, sobre todo, en la Ilíada, para ver qué íntimo vínculo establecía la religión griega entre la historia y la divinidad. En toda la religión griega encontramos el vínculo íntimo entre el mundo divino y la historia: las desgracias de Tebas comienzan con la profecía del oráculo de Delfos sobre Edipo; Tebas debe su origen a otra profecía dada a Cadmo; Creta debe su esplendor al amor de Zeus por Europa; Atenas debe su poder a Atenea, y así sucesivamente.

A diferencia de los dioses griegos, los dioses romanos no participaron realmente en la propia *historia*. La fundación de Roma, aunque indirectamente relacionada con el amor de Marte por Rea Silvia, no es atribuida por la tradición romana a ninguna voluntad divina, sino a una decisión de Rómulo. Frente a los antiguos dioses romanos, cuya acción repercutía en la vida cotidiana de los individuos pero no en el destino de la ciudad, los dioses griegos debían de parecer infinitamente más poderosos, pues habían querido la ruina de Troya y habían glorificado a Atenas.

Y aún más, frente a la inmensa riqueza mítica de la religión griega, los dioses romanos debían de parecer inmensamente pobres y mezquinos[198]. Al fin y al cabo eran abstracciones, no personas reales, cuyas actividades estaban definidas por la casuística de los pontífices[199] y no eran el resultado de una evolución religiosa; no tenían ni historia ni vida. Los dioses griegos tenían vida propia: se sabía cómo y dónde habían nacido, cuáles habían sido sus hazañas: cada dios estaba allí vivo y presente como un ser humano. En comparación con el dios romano abstracto, que era poco más que un nombre, estos dioses, cuyos amores, odios y venganzas eran conocidos, que habían luchado a favor y en contra de los hombres, que tenían hijos, que eran artistas, estadistas y guerreros, que custodiaban ciudades y estados manteniendo la paz y desencadenando la guerra, debieron de causar una impresión extraordinaria, incluso habían aparecido en carne y hueso a los hombres. Los dioses griegos tenían sobre los dioses romanos la misma ventaja que la Vírgen tiene sobre el dios abstracto y lejano del filósofo, que es cercano y concreto; el

---

[198]Cfr. Dion. Hal. II 18-19.
[199]Serv. *Ad. Aen.* II 141: pontifices dicunts ingulis actis proprios deospraeesse.

pueblo no entiende a los primeros y recurre a los segundos.

4 Aunque debido al cálculo político

Ciertamente la actuación del senado, desde el punto de vista de la política momentánea, fue astuta, y los hechos demuestran que a través de los libros sibilinos consiguió reanimar al pueblo y quizá evitar su completa desmoralización. El fanatismo religioso provocado por los libros sibilinos permitió a Roma resistir tras la batalla del lago Trasimeno y después de Cannas. Por supuesto, el senado actuaba siguiendo líneas puramente políticas: los dioses griegos, como tales, le eran indiferentes, y lo demostró prohibiendo a los ciudadanos romanos participar en las ceremonias de Cibeles; pero los consideraba instrumentos útiles de gobierno. No cabe duda de que el senado habría hecho que los Libros Sibilinos ordenaran la introducción de cualquier otra divinidad si hubiera creído que con este acto podía despertar la confianza del pueblo, sin detenerse siquiera a considerar las trascendentales consecuencias religiosas de sus actos, precisamente en lo que constituía el interés supremo del pueblo romano, es decir, la religión. Se trataba entonces únicamente de salvar a Roma. A cualquier precio; con cualquier dios. Esto puede parecer cínico, pero sin duda es grandioso. Este supremo interés político explica, dada la mentalidad antigua, el hecho de que esta nueva política religiosa se llevara a cabo mediante una serie de trucos y manipulaciones sistemáticas, de las que las castas sacerdotales de todos los tiempos han hecho amplio uso. Un ejemplo típico es el Deuteronomio «encontrado» milagrosamente en el año 621 a.C. durante las reparaciones del templo de Jerusalén, que contenía la antigua ley de Dios, donde, sin embargo, hay que señalar que la ficción —excepcional al fin y al cabo— sirvió para traer de vuelta, en una época de gran deterioro moral, la religión judía a su pureza y severidad primigenias, y no desviarla, con fines inmediatos, de su verdadera naturaleza. Y otros ejemplos serían muy fáciles de encontrar en la historia del cristianismo medieval, en la que la correspondencia con ciertos procedimientos romanos parece a veces verdaderamente asombrosa.

5 Cambió la conciencia religiosa romana al dotar a los dioses de corporeidad

La primera consecuencia fue que los antiguos romanos empezaron a perder su abstraccionismo; la corpulenta materialidad de los dioses griegos actuaba sobre los vagos e insustanciales dioses romanos, y les dio una naturaleza y una consistencia que antes no tenían, casi se diría que una personalidad y una historia. Esta historia era el mito entendido no como lo entendemos nosotros, sino como lo entendían los antiguos, como realidad objetiva, es decir, precisamente como historia.

Los romanos no conocían el mito más que en una forma totalmente embrionaria; y en cualquier caso estaban lejos de sentirlo con la fuerza y precisión de los griegos, porque la imaginación tenía poco o ningún papel en su vida espiritual. Por eso precisamente sus dioses habían permanecido siempre en el estado de nombres abstractos.

Sucedió lo siguiente. No sólo junto a los dioses romanos surgieron los nuevos dioses griegos, sino que también sucedió que los dioses itálicos individuales fueron equiparados o identificados con los dioses griegos correspondientes.

Muchas de estas identificaciones eran razonables, como las de Juno y Hera, Marte y Ares, Vesta y Hestia, Ceres y Deméter, de Rea y Ops, de Vulcano y Hefesto, y se comprende que en estos casos la divinidad griega sustituya a la correspondiente divinidad latina. Pero otras identificaciones son a primera vista injustificadas y absurdas: Diana, por ejemplo, era originalmente una diosa protectora de las mujeres, con un marcado carácter sexual, y no poseía ninguna de las características atribuidas por la mitología griega a Artemisa, a excepción de la peculiar concepción de Artemisa Loquia o Ilitía que se le asemeja; sin embargo, la Artemisa griega absorbió por completo a la Diana latina. Del mismo modo, Minerva se identificaba con Atenea por su singular aspecto de protectora de los oficios, aunque carecía del carácter guerrero y artístico de la Atenea griega. Y Venus, diosa de la belleza natural y especialmente de los jardines, distaba mucho de la esencia erótica de Afrodita, con la que se la identificaba; y Hércules, protector del tráfico y del comercio, muy parecido a Mercurio, carecía por completo del heroísmo físico propio de Heracles, a quien cedió el puesto.

Gradualmente, detrás de cada dios romano, puede decirse, brotó un dios griego que ocupó su lugar: Lupercus se identificó con Pan, Consus con Poseidón, Virbius con Hipólito, Mater Matuta con Leucotea, Stimula con Sémele, Sancus con Heracles, los Penates con los Cabirios de Samotracia, Ceres con Deméter, Liber con Dioniso y Libera con Core. Lo que mucho más tarde sucedería en Japón, cuando del contacto entre budismo y sintoísmo surgió el sincretismo entre los Budo y los Kami, y éstos acabaron siendo Budas indios con nombres japoneses. Y el romano, supremamente indiferente a cuestiones teológicas y mitológicas, ni siquiera sentía qué abismo les separaba, a pesar de algunas concordancias peculiares, a Minerva de Atenea y a Juno de Hera, y estaba muy dispuesto —pues la personalidad del dios no le importaba— a atribuirle otra distinta de la original y a honrar al dios latino con el rito griego y viceversa: también distinto en esto del griego, mitólogo y teólogo desde el nacimiento.

Así, se formó un nuevo Olimpo de doce dioses —los dioses consentidos— que reprodujeron a los doce dioses griegos, sustituyendo a los antiguos indigetes, que tenían su propia mitología. Otros dioses como Apolo, Cibeles, Asklepios, Dis Pater y Perséfone, ocuparon su lugar entre los dioses romanos sin que hubiera entre ellos ningún dios con el que pudieran identificarse y sin perder nada de su carácter griego. Y con ellos entró en Roma el rito griego, que siempre se mantuvo diferente del romano.

Frente a las poderosas personalidades de Hera, Artemisa, Afrodita y Heracles, desaparecieron —y tuvieron que desaparecer— los inciertos y pequeños dioses latinos, de los que no se contaba la menor hazaña.

Así, los dioses romanos adquirieron sustancia y personalidad en el mito griego. Fue una especie de encarnación, fruto no de una conciencia popular, sino de un plan sacerdotal. Y los pontífices se anticiparon a la obra del teólogo japonés Kôbô.

Habiendo encarnado a los dioses, sintieron la necesidad de darles una historia. Se creó, pues, una teogonía.

El dios progenitor fue Jano, no porque los romanos pensaran que realmente lo había sido —a pesar del nombre Janus pater— sino porque en las letanías él era lo primero, como desde el trono (ianua) todo tomaba su principio[200]. Era una prioridad ritual y material: pero más tarde Jano se convirtió, en el uso griego, en el dios creador del mundo[201]. En torno a él se formaron leyendas similares de tipo Griego: se convirtió en un rey que había reinado en Italia en la Antigüedad, y había poseído su propio palacio en la colina del Janículo, recibiendo gentilmente a Saturno, que desembarcó en el Lacio y aprendió de él la agricultura y la vida civilizada y compartió con él el reino, en el que Saturno se había construido una fortaleza y una ciudad llamada Saturnia.

De Saturno y Ops nació entonces Júpiter, esposo de Juno, hermano de Neptuno y Dis Pater, padre de Minerva, así como de Cronos nació Zeus, Posidón y Plutón. Y de Jano nació Pico, cuyo hijo fue Fauno, rey de los Laurenti, seguido de Latino, al igual que de los dioses se derivaron las dinastías de los héroes griegos.

Así también los romanos tuvieron su cosmogonía y su teogonía. El proceso teogónico también se aplicaba a dioses menores, instituciones y ciudades: la identificación de Mater Matuta con Leucotea encontró su justificación en el relato de que Ino, tras arrojarse al mar con Melicerte, fue arrastrada hasta la desembocadura del Tíber, y recibida por Carmenta con la profecía de que sería honrada por los itálicos como Mater Matuta, mientras que Palemón habría sido honrado como Portunus[202].

El colegio de los Salios, la más romana de las instituciones

---

[200]Varr. In Aug. *Civ. D.* VII 9: penes Ianum sunt prima, penes Iovem summa. IV 11: in Iano initiator; VII 3: omnium initiorum potestatem habere Ianum.
[201]Ovid. *Fast.* I 103 sig. Macr. 1 9,14.
[202]Ovid. *Fast.* VI 473 sig.

sagradas, fue vinculado a un arcadio Salio o a un Sao de Samotracia. Los sabinos fueron hechos venir de Esparta. Los primeros habitantes del Capitolio y del Palatino, de Argos, de Arcadia o de la Tróade. Todo el viejo proceso genealógico y teogónico griego se repitió para justificar y dar derecho de existencia a dioses e instituciones. La fantasía griega se convirtió en precursora de la historia romana. El mito se convirtió en algo más verdadero que la propia verdad.

Este proceso se vio favorecido por lo que era la nota dominante del espíritu romano: la necesidad de ennoblecer todo lo que era romano revistiéndolo de formas y aspectos griegos. Los romanos, en relación con Grecia, estaban en la misma condición que los provincianos enriquecidos, que intentan borrar su origen y su historia imitando a los nobles. Especialmente en la época republicana, estaban deslumbrados por todo lo griego, casi como hoy en Europa se está deslumbrado por todo lo estadounidense, y sentían una necesidad irresistible de imitar lo griego no sólo en el arte sino también en la historia, es decir, en la vida.

De ahí el deseo de todos los personajes romanos de imitar las hazañas de los personajes griegos y la tendencia a compararlas con las que están en uso a través del estilo *Plutarquiano*: Fabricio es comparado con Arístides o Epaminondas, la madre de los Gracos con la esposa de Foción, los Fabios de Cremera con los 300 de las Termópilas, las vicisitudes de Tarquinio Superbo y su hijo con las de Periandro y Zopiro, el Decenvirato con los 30 tiranos, la guerra de Veyes con la de Troya, la conquista gala de Roma con la expedición de Jerjes[203].

La historia y el mito griego sirvió para justificar la historia y la política romana: Dionisio hace decir a Rómulo, para consolar a las mujeres sabinas raptadas, que siguió una costumbre griega; hace recordar a un Valerio, con respecto a la condonación de las deudas, lo que había hecho Solón; hace que Junio Bruto proponga la institución de los dos cónsules según la costumbre espartana. Toda la historiografía romana rebosa de anécdotas y leyendas deducidas de la historia griega, con genealogías extraídas de la mitología griega.

---

[203]Texto en PAIS, *Storia di Roma* I pág. 175 sig.

Del mismo modo que la historia romana parecía más noble vestida con ropajes griegos, los dioses romanos disfrazados y transformados en dioses griegos parecían más dignos de respeto, más grandes, más fuertes.

Habiendo perdido el abstraccionismo y tras ser convertido en una persona concreta y real, el dios podía ahora ser retratado. Los romanos no habían tenido, antes de la influencia griega, ninguna imagen divina; no por razones éticas, como era el caso de los judíos, sino porque sus dioses, momentáneos y abstractos, no eran susceptibles de dar lugar a una imagen que, como tal, es permanente y concreta. Por eso la antigua religión romana era *anicónica*[204]. Vesta se imaginaba como el fuego, Júpiter como una piedra: a veces había algún símbolo que personificaba o representaba al dios, como las lanzas y los ancilas[205] de Marte, el cetro de Júpiter, el lituo[206] de Rómulo Quirino y similares. El antiguo dios romano no era visible, sólo era concebible. Cuando la antigua familia romana se reunía para la comida, se *pensaba* que los dioses estaban presentes, pero *no estaban* allí físicamente[207].

Los romanos, tan poco dotados de imaginación, seguían siendo incapaces de representar a la divinidad incluso después de que ésta hubiera adquirido corporeidad a través del mito griego: de ahí que una verdadera iconografía religiosa, como expresión de la conciencia religiosa romana, nunca haya existido. Las imágenes de los dioses romanos eran, en realidad, imitaciones de dioses griegos a los que los romanos cambiaron el nombre. Las primeras estatuas de dioses

---

[204]Aug. *Civ. D.* IV 31: dicit etiam (Varro) antiquos Romanos plus annos centum et septuaginta deos sine simulacro coluisse. Clem. Al. *Strom.* 1 15,71 pág. 558 Potter: Νουμᾶς δέ ὁ Ῥωμαίων βασιλεὺς διεκώλυσεν ἀνθρωποειδῆ καὶ ζωόμορφον εἰκόνα θεοῦ Ῥωμαίους κτίζειν. Plut. *Num.* 9: διεκώλυσεν ἀνθρωποειδῆ καὶ ζωόμορφον εἰκόνα θεοῦ Ῥωμαίους νομίζειν· οὐδ' ἦν παρ' αὐτοῖς οὔτε γραπτόν, οὔτε πλαστὸν εἶδος θεοῦ πρότερον.

[205]**NdT**: Escudo sagrado (caído del cielo durante el reinado de Numa, quien mando construir otros once iguales, confiados a la custodia de los sacerdotes salios que los llevaban en procesión). Escudo de forma oval.

[206]**NdT**: Báculo de los augures, cayado augural.

[207]Ovid. *Fast.* VI 299: ante focos *olim* scannis considere longis | mos erat et mensae *credere adesse* deos. Tib. I 1,37 s: adsitis, divi, nec vos e paupere mensa dona nec a puris spernite fictilibus.

romanos, por influencia etrusca, eran imitaciones de estatuas griegas arcaicas.Tal fue sin duda la primera que recuerda la tradición, a saber, la estatua de arcilla de Júpiter Capitolino; para la estatua de Diana en el Aventino se copió una estatua de Diana Efesia que había en Marsella, copia de un xoanon primitivo[208]; para Semo Sancus se adoptó el tipo del «Apolo» arcaico[209]. También podemos estar seguros de que la estatua de Ceres, que existía en el templo de Ceres, Libero y Libera, era de origen griego, porque había sido traída de Sicilia junto con el propio culto»; las cabezas de los dioses, acuñadas en las monedas republicanas, son todas de tipo griego; las estatuas doradas de los doce dioses, levantadas en el foro a los dioses consentes, son una derivación obvia de las estatuas de los doce dioses de Atenas.

Esta adaptación tuvo lugar con una curiosa indiferencia hacia el contenido o significado íntimo de la imagen adoptada o imitada. Ya el propio *xoanon* no podía tener para los romanos ese valor mágico, esa misteriosa fascinación que la xoana tenía para los griegos. Es comprensible que, incluso en la época clásica, los griegos adoraran a un xoanon, a Dioniso o a Hera, aunque tuvieran ante sus ojos las estatuas de Praxíteles y Escopas y fueran perfectamente capaces de valorar artísticamente tanto aquéllas como éstas, porque adoraban en estos xoana un poder mágico y terrible en el que sentían la divinidad.

Pero la concepción griega de la imaginería divina estaba muy alejada del pensamiento romano: los romanos no tenían ni idea —precisamente porque carecían de iconografía y pensaban en los dioses como fuerzas abstractas— de que los dioses no eran dioses. De todas las creencias sobre el origen divino y los poderes misteriosos de los xoana, que los griegos siempre tuvieron por ciertas; de ahí que un xoanon no tuviera ningún valor para ellos, mientras que tenía uno inmenso para los griegos, y no puede explicarse que fuera tan fácilmente aceptada y venerada como la verdadera imagen de Diana, salvo con una absoluta insensibilidad estética, con una verdadera incapacidad para pensar la imagen de una divinidad.

---

[208]STRAB. IV pág. 180.
[209]ROSCHER. *Lexicon* s. v. *Sancus* col 318 (Wissowa).

Más curioso aún, permaneciendo con Diana, es el hecho de que en Aricia se la representara como una Artemisa griega, con quitón[210] corto, botas y capote, aunque todo ello fuera completamente ajeno a la personalidad de Diana.

Así se formó una iconografía no espontánea, no producida —como en todas las demás religiones— a partir de una necesidad estética, sino extrínseca, *inferida* de otra religión, sin ninguna conexión profunda de facto o esencial con la conciencia religiosa, a menudo incluso en antítesis con ella.

De modo que los dioses romanos tomaban cuerpos que no eran los suyos; se encarnaban, pero en formas que no eran las suyas: Júpiter se encarnaba en Zeus, Juno en Hera, Marte en Ares. Y las formas fueron proporcionadas en primer lugar por el botín de guerra: la toma de Siracusa proporcionó excelentes modelos a los romanos, que ahora querían *ver* a sus dioses y cambiaron las formas de los dioses griegos por las de sus dioses. Nadie vio entonces que de esta pseudo-encarnación vendría la ruina de los dioses romanos, excepto Catón, cuyo fanatismo agudizó su inteligencia para todo lo relacionado con su vieja y obstinada religión. Él, quizás el único entre los romanos, se dio cuenta de que estas estatuas de dioses extranjeros arruinarían a los dioses romanos[211].

6 Al culto, caracteres antropomórficos

De la encarnación del dios surgió toda una orientación espiritual diferente: hecho carne, devenido hombre, tenía todas las necesidades de la carne humana por un inevitable proceso interior[212].

---

[210]**NdT:** Prenda de origen oriental introducida en Grecia por los jonios.

[211]Liv. XXIV. 4,4: Infesta, mihi credite, signa ab Syracusanis illata sunt buic urbi... Ego hos malo propitiosdeos, et itaspero futuros, si in suismaneseditus-patienur. Aug. *Civ. D.* IV 31: quod si adhuc inquit (Varro) mansisset castius dii observarentur.

[212]Lact. *De falsa rel.* I 17: Si duo sunt sexus deorum sequitur concubitus, et si coenut et domos habeant necesse est... si domos habent consequens est ut urbes habeant. Si habent urbes et agros igitur habebunt, Iam quis non videatqua

El primer reconocimiento solemne de esta nueva esencia del dios fue el primer lectisternio, celebrado en el año 399 a.C. tras una epidemia de peste. Durante ocho días —dice Livio— fueron vistos en el foro sentados ante una mesa, recibiendo ofrendas, Apolo y Latona, Hércules y Diana, Mercurio y Neptuno, es decir, marionetas, probablemente bustos, que representaban a los dioses.

Nunca antes los romanos habían celebrado una ceremonia parecida a un banquete ofrecido a un dios. El *daps* romano era una pequeña ofrenda presentada al dios para invocar su presencia; y el dios se consideraba presente, sí, pero invisible[213]; e incluso si se le representaba de forma anicónica, como los primitivos *Lares* Picumnus y Pilumnus, para quienes se preparaba un lecho tras el nacimiento de un niño, donde se les simbolizaba con el hacha y el pilón, es lógico que de esta presencia, invisible o anicónica, no pudiera derivarse una representación del dios festejando.

Tanto más, por tanto, debe sugerir el relato liviano. Livio dice

En la ceremonia es evidentemente una reproducción de la teoxenia griega, y por más que la ciencia se ha esforzado, no ha podido encontrar los precedentes del lectisternio en el antiguo rito romano. Y precisamente en este origen griego radica la singularidad del rito; pues el lectisternio estaba tan alejado de la mentalidad romana como lo estaba de ella la correspondiente teoxenia. Todo en la civilización griega llevaba a considerar no sólo una posibilidad, sino una certeza, que un dios pudiera sentarse a la mesa puesta por los hombres y participar en la comida. En la mitología griega abundan las historias de dioses que participan en banquetes en casa de los hombres, por los que son tratados hospitalariamente, y las creencias sobre la participación de los dioses en los asuntos humanos y su aparición ante los hombres no hacían sino confirmar esos relatos. Por eso, para el griego, pensar que un dios se sentaría a una mesa puesta para él a disfrutar de la comida era algo natural, y el arte griego representaba

---

sequantur ? Arare illos et colere: quod quidem victus causa fuit. Ergo mortales sunt.

[213] La invisibilidad también resulta de las prescripciones de Catón relativas al sacrificio a Silvano: CAT. *De agric.* 83 eam rem divinam velservusvelliber licebit faciat. Ubi res divina factaerit*stalim ibidemconsumito*.

a menudo al dios, especialmente a Heracles y a los Dioscuros, en este acto.

Sin embargo, nada llevó a los romanos a creer que esto fuera posible. Ningún mito de banquetes entre hombres disfrutados por dioses, ningún relato de un dios recibido y tratado hospitalariamente por un hombre, ninguna tradición de que algún dios se hubiera aparecido alguna vez a los hombres: nada.

¿Cómo se explica, entonces, esa profunda religiosidad de la que habla Livio?

Se explica precisamente por la razón de los contrastes. Cuanto más lejos estaba el romano de pensar que un dios pudiera descender a la tierra y comer en la mesa del hombre, tanto más asombrado estaba ahora que se había producido el milagro, ahora que podía ver el rostro del dios, y verle allí, en pleno foro, recibiendo —ídolo ofrecido por primera vez a su culto— su comida y su bebida.

Aquella fue, pues, al parecer, la primera vez que el dios romano se presentó a través de una figura humana a los romanos. El entusiasmo que —según Livio— despertó el primer lectisternio demuestra que esta ceremonia respondía íntimamente a las necesidades del pueblo; la epifanía del dios, emergiendo por fin de la niebla del abstraccionismo, tuvo para los romanos el valor de una revelación.

Desde entonces, el dios nunca ha vuelto a ser incorpóreo. El abstraccionismo murió para siempre, para no volver jamás, ni siquiera en la época imperial. El *epulum Iovis*, que se celebraba cada 13 de noviembre en el Capitolio en honor de la tríada Júpiter, Juno y Minerva, no era sino un lectisternio perfeccionado. Las estatuas de los dioses se vestían y adornaban, y colocadas, Júpiter sobre un lecho y Juno y Minerva en una silla de montar, fueron invitados a un banquete, en el que participó todo el senado.

El dios acabó adoptando un comportamiento completamente humano. El hombre acabó comportándose con la imagen del dios como con un señor de carne y hueso, postrándose ante él, besándole las manos o la boca, hasta el punto de consumir el mármol[214]. Sila

---

[214] Liv. III 7: omnia delubra implent, stratae passim matres crinibus templa verrentes, veniam irarum coelestium, finemque pesti exposcunt. Cic. *Verr.*

solía llevar una pequeña imagen de Apolo, a la que abrazaba de vez en cuando, y a la que dirigía plegarias[215]. Séneca nos da una idea exacta del punto al que había llegado el ritualismo romano, que era tal que deshonraba el ritual cotidiano egipcio, «Uno —dice[216]— invoca al dios por su nombre, otro anuncia las horas a Júpiter, otro le ofrece un sacrificio, otro lo huele haciendo con los brazos el gesto vano de quien perfuma. Hay mujeres que peinan los cabellos de Juno y Minerva y, apartados no sólo de las estatuas sino también del templo, mueven los dedos como un peine, están los que sostienen el espejo, los que llaman a los dioses a sus juicios, los que presentan libelos al dios y le informan de su causa».

La imagen del dios se hizo así más importante que la idea del dios; el cuerpo prevaleció sobre el alma. Y a veces algunos dioses recibían atributos que no derivaban de sus actividades sino de su imagen: así teníamos a *Hércules Barbatus, Bullatus, Cubans* y *Juvenis*, junto a un *Hércules Salutaris, Defensor, Victor* o *Cultor*; o una *Fortuna Mammosa* junto a una *Fortuna Regina, Caelestis* y *Redux*; o finalmente un *Monolitus Silvanus* junto a un *Silvanus Agrestis, Domesticus, Salutaris* o *Sanctus*.

A medida que cambiaba la naturaleza del dios, también lo hacía el lugar de culto. Mientras la divinidad fue una idea abstracta, el lugar de culto también lo fue. Al principio, el *templum* era un espacio en el cielo o en la tierra delimitado por los arúspices, no tenía nada en común con un edificio e incluso podía estar delimitado

---

IV 43,94: Ibi est ex aere simulacrum ipsius Herculis quo non facile dixerim quidquam me vidisse pulchrius... usque eo, indices, ut rictum eius ac mentum paulo sitattritius, quod in precibus et gratulationibus non solum id venerari, verum etiam osculari solent. Lucr. I 317 s. ahena sigua manus dextras ostendunt attenuari saepe salutantium tactu.

[215] Plut. *Sull.* 29.
[216] Aug. *Civ. D.* VI, 10. In Capitolium perveni, pudebit publicatae dementiae, quod sibi vanus furor attribuit officii. Alius nomina deo subiicit, alius horas Iovi nuntiat, alius litor est, alius unctor, qui vano motu brachiorum imitatur unghentem. Sunt quae Iunoni ac Minervae capillos dsisponent (longe a templo, non tantum a simulacro stantes, digitos movent ornantium modo), sunt quae speculum teneant, sunt quae ad vadimonium suos deos advocent, sunt qui libellos offerant, et illos causam suam doceant.

por árboles[217]. Ni siquiera tomado en su sentido estricto de templo (*aedes*), el *templum* era considerado por los antiguos romanos como la casa del dios, comparable al *mégaron* o al *anáktoron* griegos; era simplemente un lugar de reunión y culto, similar a la sinagoga y a la iglesia protestante.

De este concepto ritual derivó la costumbre de que el templo romano a menudo se abriera sólo una vez al año y a veces incluso no se abriera *nunca*[218]: y la finalidad ritual del templo explica la costumbre romana de que en algunos templos sólo pudieran entrar hombres, y en otros sólo mujeres[219]; del mismo modo que se ofrecían víctimas masculinas a algunos dioses y víctimas femeninas a otros.

Por tanto, el antiguo templo romano no era accesible a la multitud, ni se utilizaba para entablar conversación con el dios; sólo servía para el culto, al igual que la iglesia protestante. Así, Escipión el Africano, que solía ir al templo de Júpiter Capitolino al amanecer y hacía abrir su celda, como si consultara con el dios sobre política, parecía muy singular[220].

Al haber humanizado al dios y asumido forma corporal, el templo dejó de ser un lugar de culto para convertirse, como en Grecia, en el hogar del dios vivo, completamente análogo al *mégaron*[221] y al *anáktoron*[222] y a la iglesia católica. La transformación de dios y templo tuvo lugar al mismo tiempo y por las mismas razones. La época de los Tarquinos marcó el advenimiento del antropomorfismo

---

[217]Varr. *L. l.* VII 84,5: Templum tribus modis dicitur, ab natura, ab auspiciendo, ab similitudine. Natura in coelo, ab auspiciis in terra, ab similitudine sub terra. In terris dictum templum locus augurii aut auspicii causa quibusdam conceptis verbis finitus. Fest. s. v. *Minora templa*: Templum est locus ita effatus, aut ita septus ut ex una parte pateat, angulusque adfixus habeat ad terram.

[218]Min. Fel. *Oct.* XXIV, 3: Quaedam fana semel anno adire permittunt, quaedam in totum nefas visere est.

[219]Min. Fel. XXIV, 3.

[220]Gell. VI 1,6.

[221]**NdT**: La estancia más interior y suntuosa de los palacios micénicos, aquí se celebran las audiencias reales, los banquetes, se reunía la familia del príncipe y se recibía a los invitados.

[222]**NdT**: Templo. En algunos lugares de la antigua Grecia, edificio o sala utilizada para cultos mistéricos.

con las primeras imágenes divinas, y también la imposición de la casa-templo con el templo de la tríada capitolina.

Sólo el recuerdo de la concepción primitiva permaneció en la apertura, en el testudo, que también se conservó en la nueva concepción

Una vez encarnado el dios, era posible rezarle.

En última instancia, toda plegaria implica una encarnación del dios.

La oración, cuando no es contemplación abstracta o anulación mística, sino relación consciente y real con Dios, implica que el hombre encarna a su dios, es decir, lo realiza no como un ser abstracto, sino concreto. En el acto de la oración, el hombre siente a Dios presente y vivo, y en este sentimiento de su presencia viva reside la experiencia particular que se llama oración. En el Evangelio se concibe a Dios como Espíritu, pero se enseña a rezarle como Padre celestial, y en esta realización de Dios como padre, aunque sea espíritu, reside la esencia de la oración cristiana.

Sería fácil observar cómo incluso quienes tienen un concepto profundo y sinceramente espiritual de Dios se dirigen a él en el acto de oración como a una persona concreta; de hecho, la experiencia religiosa es tanto más profunda cuanto más vívida es esta realización de Dios como persona concreta.

Debido a este carácter antropomórfico de la oración, es evidente que una concepción abstracta de Dios no la favorece, y que el hombre tiene más probabilidades de realizar la experiencia particular de la oración cuanto más antropomórfica sea su representación de Dios. En los espíritus superiores, la antropomorfización de Dios que tiene lugar mediante la oración se limita al ámbito moral o sentimental: es decir, el hombre, al invocar a Dios, le atribuye sentimientos humanos, como la piedad, la bondad o la indignación, y precisamente porque tiene ante sí un ser cuyos sentimientos son de orden humano, siente que puede verter con él toda su humanidad y ser comprendido por él. En las conciencias inferiores, en cambio, el antropomorfismo rebasa la esfera moral y sentimental y se vuelve material; entonces sucede que el hombre no sabe rezar a Dios, si no se lo imagina como un ser humano real, si no lo ve ante sí corporalmente. Por eso es tan frecuente que se prefiera rezar ante una imagen; Dios, encarnado momentáneamente en esa imagen, nos parece más cercano a nosotros y más vivo; parece que nos escucha mejor. Entre la oración y la imagen existe una relación directa y esencial que muy a menudo se pasa por alto.

Lo que hemos dicho explica por qué la *supplicatio*, que es la verdadera oración romana, estaba íntimamente relacionada con la lectisternio. Ciertamente, incluso antes y fuera de la *supplicatio* el romano rezaba; pero su oración era una apelación a un dios particular o momentáneo, considerado como una fuerza cuya intervención era útil en un momento concreto de la vida. No era el abandono de todo el ser al dios. Los antiguos dioses romanos excluían este abandono total aún más por su abstraccionismo que por su particularismo. Todos eran útiles e incluso necesarios para el hombre, pero sólo en referencia a intereses particulares; en realidad, de ninguno de ellos dependía todo en la vida de un hombre.

El romano los invocaba, pero en realidad sabía bien que cada uno tenía un poder relativo y momentáneo y a ninguno se confiaba totalmente; no por falta de fe en su poder —porque estuviera persuadido de ello, en relación con sus funciones particulares—, sino porque fueron hechos así; el romano habría ofendido su propio sistema religioso si hubiera dado a uno de sus antiguos dioses más poder del que tenía.

La verdadera fe, es decir, la entrega de todo el ser a Dios, derivada del conocimiento de que toda nuestra vida depende de Él y de que sólo Él puede salvarnos, la oración, en definitiva, que se dirige a Dios soteriológicamente, no podía existir en la antigua religión romana. Podía existir, en cambio, hacia los dioses griegos.

Estos tenían en este sentido una gran superioridad: eran dioses antropomórficos y no abstractos. Es decir, se presentaban ante los romanos como seres concretos, a los que los hombres podían acudir no sólo para una necesidad específica, sino para toda la vida. Aparecían ante los romanos como salvadores; habían hecho lo que los antiguos dioses nunca habían hecho: habían salvado a Roma. A los dioses griegos sí se les podía rezar.

Por eso surge la *supplicatio* con la lectisternio: la conexión entre estas dos ceremonias es demasiado cierta para ser puesta en duda. La *supplicatio* se introdujo en Roma por orden de los Libros Sibilinos, que ordenaban que se hiciera *ad omnia pulvinaria*[223], es decir, ante los lechos (*pulvinaria*) de los dioses sentados a la mesa.

En la historia de la religión romana, las dos ceremonias aparecen juntas. Casi podríamos decir que, de hecho, forman una sola. La *supplicatio* consistía en postrarse ante la imagen divina, abrazar sus rodillas y besar sus manos y pies. Ahora bien, es evidente que esta ceremonia no puede tener lugar si falta la imagen. Podría decirse, sin embargo, que ya antes del primer lectisternio Roma había conocido imágenes divinas: pero esas imágenes eran en conclusión réplicas o copias de estatuas griegas, y es muy probable que en ellas el romano no encontrara al dios vivo y presente en toda su plenitud. Pero no hay duda de que lo encontró en el lectisternio, en esos dioses que se mostraban durante días y días sentados en medio del pueblo ante la mesa del banquete: *éstos* tenían que ser para el romano los dioses vivientes.

Y quizás había otra razón: es posible que las estatuas erigidas en los templos, réplicas de estatuas griegas y obras de artistas griegos, estuvieran más alejadas de la tosca mentalidad del romano que las groseras imágenes divinas de los lectisternia; tal vez lo que ocurre en ellos es lo que le sucede al campesino, que no sabe rezar más que ante su Vírgen campestre. El caso es que, aunque las imágenes divinas existían en Roma desde la época de los Tarquinos en ciertos templos, los Libros Sibilinos nunca ordenaron que las súplicas se hicieran en los templos, sino siempre ante los pulvinaria de los lectisternia.

A medida que cambiaba la persona del dios, también lo hacían la naturaleza y la finalidad de la ofrenda.

Ciertamente se ofrecían sacrificios a los dioses indigetes, pero esto significaba un homenaje, casi una ofrenda de una parte de lo que el hombre disfrutaba; no se ofrecían regalos en el sentido material, es decir, objetos aptos para ser usados o disfrutados por el dios.

---

[223]Texto en MARQUARDT, *Le culte rom.* I 59 n. 6.

La incorporeidad de éste excluía la posibilidad de *donar* nada. El antropomorfismo, al encarnar al dios en forma humana, abrió el camino a la entrega de la *donación*.

De hecho, los romanos solían ofrecer todo tipo de regalos a sus dioses, al igual que los griegos; prometían restaurar y embellecer sus templos, sus sagrarios; donaban pequeños altares, lámparas de aceite, estatuas para adornarlos, o casas, dinero y tierras para enriquecerlos, u ofrecían túnicas bordadas, collares, joyas, pendientes y gemas para adornar sus imágenes. El relicario votivo del templo de Júpiter Anxur, en Terracina, al que se representaba como un niño, estaba formado en su totalidad por juguetes infantiles de plomo: pequeñas imitaciones de muebles y utensilios de mesa y cocina, como los que utilizan los niños para jugar hoy en día;una pequeña mesa tripes con sus *trapezoforos* con cabeza y patas de león, una cathedra reclinada a modo de sillón, un pequeño *repositorium* para las viandas, las *patinae*, los cuencos, las bandejas, las sandalias de banquete y, finalmente, el *puer dapifer*, que avanzaba llevando un *ferculum*[224]. El dios jugaba con estos juguetes como lo hacen los niños.

San Agustín[225] tenía razón cuando decía que la introducción de imágenes eliminaba el miedo. El dios abstracto, distinto del hombre, inalcanzable, puede no ser amado, pero siempre es temido; el dios concreto, cercano y semejante al hombre, puede ser adorado y amado, pero no temido. Contra este antropomorfismo, precisamente, y no contra la antigua religión, lanzó Lucrecio sus flechas[226].

Otra ofrenda de carácter muy distinto a ésta, que llamaremos ofrenda personal, era la ofrenda de agradecimiento, que corresponde exactamente con el actual exvoto griego. Esto servía para atestiguar la gratitud a la divinidad por lo que llamaremos gracia recibida. La costumbre era muy frecuente, especialmente con divinidades beneficiosas; en los santuarios de Cerveteri, Veyes y Capua, consagradas a divinidades de este tipo, había manos, pies, úteros, espinas dorsales

---

[224] *Not. sc.* 1894 pág. 105 s.
[225] *Civ. Dei* IV 23.
[226] V 74 s: Et quibus ille modis divum metus insinuarit | pectora, terrarum qui in orbi sancta tuetur | *fana, lacus, lucos, aras,simulacraque* divum.

con las vísceras adheridas, pechos, figuras femeninas con el vientre abierto y bebés en pañales. Singularmente modernas son las pinturas con escenas de naufragios, de las que habla Cicerón, como recuerdo de la salvación alcanzada[227], que Horacio[228] cita como ejemplo de pintura mural. A veces también se ofrecían pinturas con la escena de una curación milagrosa.

Los sacrificios también deben considerarse ofrendas. El sacrificio romano no era, como en otros pueblos, una forma de comunión.

El único ejemplo de sacrificio sacramental, tal vez, sea el celebrado en las llamadas Fiestas Latinas, cuando representantes de todas las ciudades latinas se reunían en un templo y el cónsul sacrificaba un toro del que cada ciudad recibía una porción[229]; y no tener parte del toro equivalía a quedar excluido de la Liga Latina. Sin embargo, se trata de una excepción: el temperamento romano, lejos de cualquier forma de misticismo, no se inclinaba por la concepción sacramental del sacrificio.

En general, el sacrificio romano era una ofrenda. Ahora bien, esta ofrenda cambió de carácter bajo la influencia del antropomorfismo, perdió su significado de homenaje a la divinidad y se convirtió en un medio puramente humano de obtener su favor. Y aunque el antiguo romano no creía que este favor aumentara con la magnitud del sacrificio, ahora pensaba —igual que siempre habían pensado los griegos— que a medida que aumentara la magnitud o severidad del sacrificio, aumentaría el favor divino.

Así llegaron los romanos al sacrificio humano, esa horrible ofrenda que, como dice expresamente Livio[230], era ajena al espíritu romano.

El origen griego de este horrendo rito queda probado por el hecho de que cada vez que se celebraba, se hacía siguiendo una orden de los Libros Sibilinos. El sacrificio humano estaba tan alejado del espíritu romano, que en su antiquísima historia, anterior a la influencia griega, se buscan vanamente sus huellas, como no ocurre

---

[227] Cic. *Nat. D.* III, 89: Nonne animadvertis ex tot tabullis pictis quam multi votis vim tempestatis effugerint in portumque salvi pervenerint
[228] Hor. *Ars p.* 19-21.
[229] Dion. Hal. IV 49.
[230] Liv. XXII 57,6: Cfr. Cic. *Pro Font.* XIV, 31.

con el espíritu griego. Uno piensa en los propios nombres de Dioniso (Homestés, Omádios) que se refieren a sacrificios humanos, al rito de la flagelación de niños en el altar de Artemisa Ortia que sustituía a un primitivo sacrificio humano, a los mitos de Ifigenia, Polixena, Meneceo, Codro y las hijas de Erecteo; y de nuevo, en tiempos históricos, al sacrificio a Dioniso Homestés de tres prisioneros persas realizado por Temístocles antes de la batalla de Salamina.

El sacrificio humano fue sin duda un triste regalo de Grecia a Roma. La primera vez se celebró en la segunda mitad del siglo III a.C., cuando veintisiete griegos se precipitaron al Tíber desde el Puente Sublicio; la segunda vez, cuando un par de griegos y un galo fueron enterrados vivos en el año 226 a.C.; una tercera vez, en el año 216 a.C., cuando se repitió la ceremonia. Y desde entonces se mantuvo en uso hasta la época imperial[231].

Según los escritores cristianos, en honor a Júpiter Lacio era costumbre sacrificar a un delincuente ya condenado a las bestias, y al parecer este sacrificio estaba en uso en su época[232]. Según Casio Dión, en el templo de Bellona se encontraron vasos llenos de carne humana[233]. Cipriano[234] continúa diciendo que los sacerdotes solían rociar la sangre caliente de la víctima sobre la cara de la estatua de Júpiter Lacio. Este rito debe explicarse antropomórficamente, teniendo en cuenta que, si hemos de creer los testimonios cristianos, que ciertamente tienen una base de verdad, la sangre humana se utilizaba en algunos rituales de origen oriental[235]. Catilina fue acusado de hacer beber a sus compañeros de conspiración una mezcla de sangre y vino para sellar su pacto, imitando lo que sucedía en los sacrificios. También existía entre los romanos la costumbre de beber sangre humana, que se creía eficaz para curar la epilepsia[236]; y para ello solían sorber sangre aún caliente de las heridas de los

---

[231] PLUT. *Marc.* 3; PLIN. *N. h.* XXVIII, 12.
[232] TERT. *Scorpiac.* 7; PRUD. *C. Symm.* I 396; MIN. FEL. *Oct.* 30,1 s.
[233] CASS. DIO. XLII, 26: κεράμεια ἀνθρωπείων σαρκῶν μεστά.
[234] CYPR. *De. Spect.* 5.
[235] MIN. FEL. *Oct.* 30.
[236] MIN. FEL. *Oct.* 30.

gladiadores en el circo[237]. Por lo tanto, es evidente que la ofrenda de víctimas humanas, y especialmente de sangre humana, estaba relacionada con estas creencias, y que las víctimas humanas y la sangre se ofrecían a la divinidad por la misma razón que se ofrecían otras cosas útiles y agradables para el hombre.

7 Las creencias del más allá de la materialidad

La influencia griega transformó radicalmente las concepciones del más allá. Mientras que el antiguo romano no tenía un concepto concreto de la vida del otro mundo, ahora, bajo el dominio del realismo griego, se fijó, se determinó y se convirtió en una realidad objetiva, no menos que la vida terrenal.

En realidad, entre las concepciones griega y romana existía una profunda antítesis. Para la romana, el muerto estaba adherido a la tumba; para la griega, en cambio, estaba en el Hades; por ello el muerto continuaba en contacto y en comunión con los vivos, mientras que para los griegos entre los muertos y los vivos existía una separación que impedía cualquier contacto entre ambos mundos; los griegos consideraban al muerto como un ser maligno al que había que aplacar y del que había que huir, los romanos lo consideraban un ser benéfico al que era bueno propiciar y atraer hacia uno mismo. Por lo tanto, eran tan lógicos los griegos, a quienes no les gustaba la compañía de los muertos, como los romanos, que la buscaban. En cambio, los romanos adoptaron no sólo la concepción de un mundo de los muertos separado de los vivos, sino incluso la creencia griega de que en determinados días del año los muertos ascendían del inframundo al mundo. De ahí el ritual de la apertura del *mundus*, que tenía lugar en una época fija del año durante tres días, durante los cuales los muertos se dispersaban por el mundo.

Y primero surgió el concepto de un lugar, una morada común para los muertos.

---

[237]Sen. *Ep*, VII, 4.

El antiguo romano no tenía esa idea. Concebía al muerto como una energía abstracta que se adhería a la tumba, pero no pensaba que allí siguiera viviendo como una persona concreta en un lugar específico. El concepto de una estancia de los muertos era evidentemente irreconciliable con esta creencia. Si los antiguos romanos hubieran mantenido tal concepción, nunca se habría formado el culto doméstico del Lar, es decir, del antepasado considerado como presente en la familia, como enterrado dentro del hogar.

Para llegar a la concepción de una morada de los muertos, fue necesario que el romano se despojara de sus creencias primitivas y aceptara otras que eran incluso antitéticas. Ciertamente, en los primeros tiempos prevaleció la idea genérica de una morada común de los muertos, sin ninguna otra determinación y sin las elaboraciones míticas póstumas sobre el estado y la estancia de los muertos, de las que encontramos tantas pruebas entre los poetas.

La primera idea era que los muertos ya no se adherían a la tumba y a la casa, sino que se reunían en un lugar determinado[238], que por supuesto estaba bajo tierra. Vinculada a esta creencia estaba la ceremonia celebrada los días 24 de agosto, 5 de octubre y 8 de noviembre de apertura del *mundus*. Este era el nombre que se daba a una fosa que se cavaba en el acto de fundar una ciudad en el centro de la misma, donde se arrojaban primicias y ofrendas de todo tipo. La fosa excavada con la fundación de Roma se encontraba en el Palatino, cerca del templo de Apolo. Se llamaba mundus porque tenía una bóveda arqueada de modo que se asemejaba, intencionadamente o no, a la bóveda celeste.

Originalmente, el *mundus* no tenía ninguna relación con el inframundo; tal vez sí, en su fase más temprana, una especie de reserva de alimentos para la tribu. E incluso más tarde, cuando por razones rituales que nada tienen que ver aquí, se acostumbraba a arrojar a la fosa todo tipo de primicias, la tradición no dice que estas ofrendas se hicieran a los muertos[239]. El *lacus Curti*, es decir, el abismo al que

---

[238] PLAUT. *Casin.* Prol. 19: Qui nunc abierunt in communem locum. *Trin.* 291: ad plures penetravi.

[239] PLUT. *Rom.* 10: βόθρος γὰρ ὠρύγη περὶ τὸ νῦν Κομίτιον κυκλοτερής, ἀπαρχαί, τε πάντων,

se arrojó M. Curtius al dedicarse a los dioses del inframundo, que también era una especie de *mundus*, tenía ciertamente una conexión con el inframundo, pero no se pensaba que apuntara a ninguna morada de los muertos; las ofrendas que se arrojaban allí no estaban dedicadas a los muertos, la tradición tampoco lo dice[240]. Cerca del *Lacus Curti* había un altar[241], pero este culto no hacía referencia a los muertos.

En una palabra, estas aberturas en el suelo, ya sean naturales como el *lacus Curti*, o artificiales como el *mundus*, originalmente no tenían ninguna conexión con una morada subterránea de los muertos.

En la época clásica, en cambio, el mundus es sagrado para Dis Pater y Proserpina, es decir, a dos dioses griegos[242]; que en tres días fijos —24 de agosto, 5 de octubre y 8 de noviembre— se abre el mundus y entonces se cree que las almas abandonan su morada[243]. En otras palabras, el mundus se ha convertido en la entrada al *mondo infero*, como la fosa excavada por Odiseo en la *Nekyia* homérica y como los numerosos *charoneia* griegos. Este nuevo significado de mundus, su aplicación a una concepción que originalmente le era completamente ajena, demuestra que otra creencia ha sustituido a la primitiva de la adhesión de los muertos a la tumba, a saber, la creencia en una morada subterránea común de los muertos.

Otra pista de ésta nos la proporciona el lugar llamado *Tarentum* y las tradiciones a ella vinculadas.

Tarentum era un lugar cercano al campo Marzio, de naturaleza volcánica, donde los vapores exhalaban del suelo. Así se desprende del relato de Valerio Máximo en el que cuenta que a un tal Valerio, que tenía dos hijos enfermos, una voz le ordenó que, si quería curarlos, fuera a Taranto y sacara agua del altar de Dis Pater y Proserpina.

ὅσοις νόμῳ μὲν ὡς καλοῖς ἐχρῶντο, φύσει δ' ὡς ἀναγκαίοις ἀπετέθησαν ἐνταῦθα.

[240] Svet. *Aug.* 57: Omnes ordines in lacum Curti quotannis ex voto pro salute eius stipem iaciebant.

[241] Ovid. *Fast.* VI 403.

[242] Macr. I 16,17.

[243] Macr. I 16,17: mundus cum patet deorum tristium atque inferorum ianua patet: Fest. pág. 128.

Él, creyendo que tenía que ir a Taranto, en Apulia, se embarcó en el Tíber para ir a Ostia. Cuando llegó al campo Marzio quiso que los muchachos bebieran agua caliente y, al ver que salía humo del suelo, preguntó qué era, y se dirigió al lugar llamado *Tarentum*; allí, junto al fuego que salía del suelo, sacó agua e hizo beber a sus hijos, que se durmieron. Luego, cuando despertaron, dijeron que un dios les había dicho en sueños que ordenaran a su padre hacer un sacrificio e instituir un lectisternio y juegos nocturnos en el ara de Dis Pater y Proserpina, donde había sacado el agua. Aquel, al no ver allí ningún altar, pensó que debía comprarlo, fue a la ciudad y dio instrucciones a sus hijos para que cavaran la tierra para los cimientos. Y ellos, habiendo alcanzado una profundidad de veinte pies, encontraron un altar consagrado a Dis Pater y Proserpina. Así lo narra Valerio Máximo.

El nombre de *Tarentum* indica una conexión con la ciudad griega del mismo nombre. De origen griego eran los Juegos Tarentinos[244] que allí se celebraban, como demuestra el hecho de que estuvieran ordenados por los Libros Sibilinos[245], y que su primera celebración estuviera relacionada con un lectisternio[246]; los dioses griegos eran Dis Pater y Proserpina, para quienes esos juegos eran sagrados. Bajo tierra, a una profundidad de veinte pies, había un altar que se descubría para la celebración de los sacrificios relacionados con los juegos y luego se cubría. Todo ello sugiere que *Tarentum* fue originalmente un emplazamiento volcánico, considerado como un *charoneion*[247] y que el altar subterráneo era una piedra, que cerraba

---

[244]**NdT**: En el original conocidos como «ludi tarentini», desembocaron en los Ludi Saeculares era un espectáculo religioso que se celebraba en Roma desde la república hasta el Imperio tardío. Las primeras celebraciones incluían sacrificios y juegos teatrales (ludi scaenici; véase ludi) en un altar situado junto al Tíber, en el Campus Martius, este lugar recibía el nombre de Tarento.

[245]Varr. ap. Censor. *De die nat.* XVII,º : Liv. *Epit.* XLIX; Aug. *C. d.* III 18.

[246]Val. M. II 4,5.

[247]**N.d.T**: Hierápolis en Frigia, cerca de la actual Pamukkale, un lugar donde también se veneraba a la Gran Madre de los Dioses y a otras divinidades, como Apolo Archegetes y que era, y aún lo es -, rica en fuentes termales, pero también conocida por una misteriosa cueva,

la entrada; que este *charoneion* se abriera para los sacrificios a los dioses infernales en determinadas ocasiones, de manera idéntica a lo que se hacía con la piedra del *mundus*, que también estaba bajo tierra y era descubierta en fechas concretas[248].

Todo ello está relacionado con la concepción griega de un mundo cerrado y determinado donde habitan los muertos. Y puesto que la idea de que las almas abandonan el *mundus* y se extienden por el mundo muestra características de una gran antigüedad, debemos suponer que la influencia griega se dejó sentir en este campo durante mucho tiempo.

Otra prueba de ello es el ritual de colocar el óbolo en la boca del difunto, que los escritores sólo mencionan en época imperial, pero que encuentra revelación en una época muy anterior: de hecho, se encontraron monedas en la tumba de los Furii en Tuscolo, que se corresponde con la época de la Segunda Guerra Púnica; se han encontrado esqueletos con el óbolo en la boca en tumbas prenestinas de los siglos VI y V; monedas romanas fueron encontradas en una tumba de Corneto; monedas de César y Augusto en tumbas de Este[249].

Este rito se generalizó durante el Imperio, prueba de que toda otra concepción había sustituido a la primitiva, porque el óbolo implica naturalmente la idea de Caronte, es decir, del río infernal que hay que cruzar, en una palabra, de *una morada determinada de los muertos, a la que se dirigen*.

Es posible que no todos los que ponían el óbolo en la boca de los muertos tuvieran una idea clara del río del infierno y de la estancia de

---

llamada "Plutonion" o "Charoneion" (de los nones de Plutón y Caronte), que, debido a sus mefíticas exhalaciones, se creía que era una de las puertas al Inframundo. https://loasiditammuz.altervista.org/le-amazzoni-gueriere-della-luna-invenzione-o-storia-settima-parte/

[248]Tal vez los ludi tarentinos tenían una conexión con los ludi taurii, que también se ordenaban en los libros sibilinos (Liv. XXXIX, 22,1; Serv. *Ad. Aen*, II 140) y también se celebraban a los dioses del inframundo (Fest. pág. 351). El altar del Campo Marzio recuerda al de Consus en el Circo Máximo, que también era subterráneo (Plut. *Rom.* 14; Dion. Hal. II 31). Consus tuvo en tiempos posteriores, y sin duda por influencia griega, una conexión con el inframundo.

[249]Marquardt, *Vie priv. Des Rom.* I pág. 408.

los muertos, y siguieran este uso ritualmente, sin darse cuenta; pero los poetas nos dan testimonio[250] de que el concepto de morada de los muertos estaba muy extendido y casi había sustituido a la antigua concepción, aunque el agnosticismo y el epicureísmo llevaron a los romanos a una verdadera revuelta contra la mitología escatológica de los griegos[251].

Naturalmente, a través de la idea de la estancia de los muertos, el hombre muerto perdió ese carácter íntimo y familiar que tenía en la religión primitiva; segregado en su propio mundo sombrío, cerca de las terribles deidades infernales, el hombre muerto se convirtió —como lo era en Grecia— en un ser que inspiraba temor. Por tanto, la apertura del *mundus* marcaba una festividad triste y temerosa, diferente de la intimidad solemne de la Parentalia, y más bien similar a la Feralia, el culto de los Lemures.

La diversidad de las dos ideas aparece también en los dos conceptos de Manes e Inframundo. El primer término designa siempre a los muertos en su relación con la familia, el segundo, en cambio, designaba a los muertos como moradores de una estancia en otro mundo. Por supuesto, en muchos casos Manes e Infiernos aparecen conectados

Por supuesto, el romano nunca consiguió conciliar ambas doctrinas. Eran demasiado diferentes: y siempre osciló entre una y otra, solemnizaba todas las festividades funerarias con su típica escrupulosidad ritual e insensibilidad espiritual, sin darse cuenta de que una estaba relacionada con una idea y la otra con otra diferente; y seguía honrando a los Manes de su familia y a los moradores del

---

[250]Texto en ROSCHER. *Lexikon* II 238 s.

[251]Recordemos la polémica de Lucrecio contra el mitologismo escatológico (III 991 s.) La inscripción CIL. VI 14672 sigue un epígrafe funerario del tipo romano habitual con los siguientes versos: Μή μου παρέλθῃς τὸ ἐπίγραμμα, ὁδοιπόρε | ἀλλὰ σταθεὶς ἄκουε καὶ μαθὼν ἄπιθι. | Οὐκ ἔστιν Ἅιδου πλοῖον, | οὐ πορθμεὺς Χάρων, | οὐκ Αἴακος κλειδοῦχος, | οὐχὶ Κέρβερος κύων. | Ἡμεῖς δὲ πάντες οἱ κάτω τεθνηκότες | ὀστέα τέφρα γεγόναμεν, ἄλλο δὲ οὐδέν. | Εἰρηκά σοι ὀρθῶς· ὕπαγε ὁδοιπόρε | μή καὶ τεθνεῶτας ἀδελφούς σοι φανῶ. | Μὴ μύρα, μὴ στεφάνους στήλῃ χαρίσῃ· λίθος ἐστίν, | μηδὲ τὸ πῦρ φλέξῃς εἰς κενὸν ἡ δαπάνη. | Ζῶντί μοι, εἴ τι ἔχεις, μετάδος, τέφραν δὲ μεθύσκων πηλὸν ποιήσεις, καὶ οὐκ ὁ θανὼν πίεται. | Τοῦτο ἔσομαι γὰρ ἐγώ, σὺ δὲ τούτοις γῆν ἐπιχώσας εἰπέ· ὅτι οὐκ ὢν ἦν, τοῦτο πάλιν γέγονα.

Inframundo bajo tierra. Al fin y al cabo, los griegos y también los romanos tenían la misma incoherencia cuando —como dice Cicerón— imaginaban a los dioses en sus templos y, al mismo tiempo, presentes por todas partes[252].

La concepción realista griega de ultratumba trajo a los romanos las mismas consecuencias que el antropomorfismo a la religión. Las almas perdieron su abstraccionismo y se convirtieron en personas, sujetas a todas las determinaciones míticas que la imaginación dictaba según la inspiración griega. Los muertos fueron imaginados de forma diversa según las representaciones griegas, y el inframundo adquirió una determinación cada vez mayor, reproduciendo con mayor o menor precisión el Hades griego[253]. Probablemente este proceso de determinación acentuó también la idea popular, anterior a la influencia griega, de que las almas se apaciguaban con alimentos[254], y la costumbre de ofrecer a los muertos una comida en la tumba.

Así, bajo la influencia griega, la primitiva religión de los muertos, tan llena de ética y bondad en su certeza de que los difuntos continúan viviendo junto a los vivos, perdió su contenido y se convirtió en una grotesca mitología escatológica, en la que las personas cultas nunca creyeron, adecuada solo para el pueblo, los niños y los poetas. Y la íntima comunión entre vivos y muertos desapareció, si no de las costumbres, ciertamente de las conciencias.

Con esta mitología, la idea de la retribución ultramundana penetró profundamente en la conciencia romana. En efecto, la idea de

---

[252]Cic. *Tusc.* I 16,36: Tantumque valuit error, qui mihi quidem iam sublatus videtur ut, corpora cremata cum scirent, tamen ea fieri apud inferos fingerent, quae sine corporibus nec fieri posunt nec intelligi. Animas enim per se ipsas viventes non poterant mente complecti: formam aliquam figuramque quaerebant. Nihil enim animo videre poterant: ad oculos umnia referebant. Una inscripción osca en saturnii hallada en Pentima, antigua Corfinium (Zwetaieff Conway *Inscr. it. med. dialect.* 218, Planta *Grammatik* pág. 549 n. 275) dice (Cfr. Cocchia, *La letter, lat. anter. all'infl. ellen.* III 161): Hic sita estad viam matrona Antistita Vibia Pettia Prima. Huc iussu Araniae, corpore unguentis condito, sollemni funere deducta est. Geniorum sacerdos Semonumque, aetate peracta, sacris opimis in *regnum Proserpinae* abiit.
[253]Iuven. II 149 s: Esse aliquid manes et subterranea regna.
[254]Ovid. *Fast.* II 565.

castigos de otro mundo estaba muy extendida en Roma, pero como importación griega y en conexión con doctrinas órfico-pitagóricas. Los testimonios literarios sobre la presencia de estas ideas en Roma delatan notoriamente la influencia griega.

El concepto de justicia ultramundana, tan importante en la religión y la filosofía griegas, no ejerció una profunda influencia ética en Roma, salvo entre las clases altas; la creencia de que las almas de los malvados atormentan en el más allá al impío[255], parece haber tenido un origen popular y no estuvo muy extendida. La parte vital de las creencias escatológicas romanas siguió siendo siempre el antiguo concepto de los Manes, pero contaminado y devaluado por el mitologismo de los *Inferi*.

---

[255] SEN. *Apoc.* 9. PLIN. *N. h.*praef. 31.

III

1 La conciencia religiosa de los romanos fue pervertida por el estoicismo

EL CONTACTO POLÍTICO ENTRE ROMA Y GRECIA se produjo cuando las grandes corrientes filosóficas griegas habían declinado y había comenzado la decadencia.

Roma no recibió de Grecia la flor de su pensamiento, sino prácticamente sus restos. No conoció ni el platonismo ni el aristotelismo, salvo lo que pudieron saber algunos eruditos; pero se empapó de estoicismo y epicureísmo. Y parece que un destino singular presidió la cultura romana, pues de hecho ninguna filosofía se adaptaba mejor al espíritu romano que el estoicismo y el epicureísmo. De hecho, ni el platonismo ni el aristotelismo, por detenernos en las dos corrientes principales, pudieron encontrar el favor de los romanos.

No fue la filosofía platónica con su escatología tan precisa y tan alejada del pensamiento de los antiguos romanos, que —como hemos visto— no tenían una idea escatológica definida, salvo en la medida en que la tomaron de los griegos; no lo fue el aristotelismo con su filosofar abstracto y complicado tan alejado del pragmatismo romano.

Otra cosa eran el estoicismo y el epicureísmo: con ellos el romano se sentía como en casa. Paradójicamente, podría decirse que el romano era naturalmente estoico e igualmente naturalmente epicúreo. Del estoicismo tenía, o al menos amaba, el moralismo abstracto y obstinado, que se regodea en su propia austeridad y la pone gustosamente como modelo; del epicureísmo surgió la tendencia al goce, la despreocupación y la superficialidad filosófica. En definitiva, estas dos escuelas filosóficas proporcionaron a los romanos la justificación teórica de lo que eran los aspectos fundamentales de su conciencia: el moralismo y el sensualismo.

El estoicismo tenía una inmensa superioridad a los ojos de los romanos. No admitía una finalidad teórica para la filosofía, como habían hecho Platón y Aristóteles, sino que exigía para ella fines prácticos. Parecía valioso para los romanos por las mismas exigencias por las que el pragmatismo fascinó a las mentes unas décadas antes. La filosofía era por ello algo práctico, que servía para la vida práctica[256]; no era, ni debía ser, la búsqueda de verdades teóricas, sino una norma para vivir bien. Y se entiende cómo a la sociedad romana, que había salido de las terribles convulsiones de las guerras civiles, le pareció especialmente útil la filosofía que, en lugar de perderse en abstracciones, enseñaba a vivir bien, de forma práctica. Vemos en nuestra época cómo una sociedad que ha salido de las convulsiones de la guerra, abandona instintivamente el filosofar abstracto y busca alguna forma de especulación que sirva ante todo para vivir y actuar. Ésta es, sin duda, una de las razones de la moda que ha tomado la llamada filosofía de la acción frente a la filosofía idealista. De la misma manera, Roma estaba demasiado necesitada de aprender a vivir para poder apreciar a Platón y Aristóteles: del mismo modo que Hegel está demasiado alejado de nuestras necesidades cotidianas para que podamos considerarlo nuestro filósofo.

Pero volvamos a los estoicos. Su incapacidad para concebir un filósofo que no tuviera relación con la realidad concreta puede ex-

---

[256] PLUT. *Plac.* 1,1 (*Doxogr.* 273): οἱ μὲν Στωικοὶ ἔφασαν... τὴν δὲ φιλοσοφίαν ἄσκησιν ἐπιτηδείου τέχνης. ἐπιτήδειον δὲ εἶναι μίαν καὶ ἀνωτάτω τὴν ἀρετήν. SEN. fr. 17 Haase ap. LACT. *Inst.* III 15: philosophia nihil aliud est quam recta vivendi ratio vel honeste vivendi scientia vel ars rectae vitae agendae.

plicarse: no veían frente a la realidad externa una realidad interna igualmente válida; el yo, en definitiva. Para ellos, la única realidad era el mundo exterior, y el intelecto, lejos de tener entidad propia, les parecía condicionado por el mundo exterior a través de las sensaciones. Para los estoicos, el alma es como una página en blanco, y todas las ideas proceden de percepciones procesadas por el intelecto[257], que, por tanto, no es una entidad distinta de la percepción, como en Platón y Aristóteles, sino que se identifica con las sensaciones. Procesa las percepciones, pero está condicionado por ellas.

De modo que la única verdad es el mundo exterior que se toca y se ve, ya que no existe una verdad interior: sólo es verdadero lo que existe materialmente[258]. Y puesto que la única verdad es el mundo concreto, la virtud consiste únicamente en someterse al orden que rige el mundo, en convertirse, por así decirlo, en una parte del todo que es lo único verdadero; en hacerse verdadero. Este es el principio que está en la raíz de la filosofía estoica, que también puede llamarse principio de autoconservación. Todo ser tiende a preservarse a sí mismo[259], es decir, a insertarse, como realidad concreta, en el ser.

Filosóficamente hablando, el empirismo estoico tuvo que desembocar en el materialismo. Puesto que sólo lo que es, lo que se toca y palpa, es verdadero, es lógico que sólo la materia sea verdadera. La realidad es entonces corpórea: todo lo real es cuerpo; no sólo el mundo, sino también el alma[260]. Todas las causas son cuerpos[261];

---

[257] Diog. L. VII 52: ἡ δὲ κατάληψις γίνεται κατ' αὐτοὺς αἰσθήσει μὲν λευκῶν καὶ μελάνων καὶ τραχέων καὶ λείων. Cic. Acad. I 11,42: comprehensio facta sensibus et vera esse illi [Zenoni] et fidelibus videbatur.
[258] Sext. Math. VIII 10: ἀληθὲς γάρ ἐστι κατ' αὐτοὺς τὸ ὑπάρχον καὶ ἀντικείμενόν τινι, καὶ ψεῦδος τὸ μὴ ὑπάρχον καὶ μὴ ἀντικείμενόν τινι.
[259] Diog. L. VII 85: τὴν δὲ πρώτην ὁρμήν φασι τὸ ζῷον ἴσχειν ἐπὶ τὸ τηρεῖν ἑαυτό. Cfr. Cic. Fin. bon. III 5,16 s; Aul. Gell. XII 5,7 s.
[260] Cleanth. ap. Nemes. De nat. hom. pág. 32 = pág. 518 Arnim: οὐδεὶς ἀσώματον συμπάσχει σώματι οὐδὲ ἀσωμάτῳ σῶμα, ἀλλὰ σῶμα σώματι... σῶμα ἄρα ψυχή.
[261] Plut. Plac Phil. I 11 = Diels.; Doxographi gr. pág. 310: οἱ Στωικοὶ πάντα τὰ αἴτια σωματικά: πνεύματα γαρ. Plut. Ivi IV 20, V pág. 345 Bern. = Diels. pág. 410: πᾶν γὰρ τὸ δρῶν ἢ καὶ ποιῶν σῶμα... ἔτι πᾶν τὸ κινοῦν καὶ ἐνοχλοῦν σῶμά ἐστιν... ἔτι πᾶν τὸ κινούμενον σῶμα ἐστιν.

las cualidades mismas, los defectos mismos son cuerpos[262]. El bien mismo es un cuerpo[263]: los afectos son cuerpo[264]; la verdad es un cuerpo[265].

Entonces las materias también son dioses. La primera causa es la materia inteligente, es decir, el éter[266]; y puesto que es un cuerpo, debe estar situada en alguna parte, en el sol o en otra parte. Y sólo esta divinidad suprema es eterna, como la materia: los demás dioses —es decir, los del politeísmo— son seres mortales[267]. Y el alma también es corpórea; y después de la muerte se separa del cuerpo y permanece algún tiempo; pero, siendo corruptible, al cabo de algún tiempo se disuelve[268].

Estas son las piedras angulares de la filosofía estoica que hay que tener presentes para comprender el porqué de la influencia que ejerció sobre los espíritus romanos.

Todo en ella parecía casi predispuesto a atraerlos hacia sí. Ese empirismo estrecho, que en última instancia se resuelve en aceptar como verdadero y real todo lo que es, lo que se ve y se toca, desprovisto de todo conocimiento teórico, era precisamente lo que más convenía a los romanos. Basta considerar su antigua religión, tal como la hemos descrito, para comprender todo cuanto hemos dicho. La identificación de religión y rito, o en su defecto de verdad y acción,

---

[262]PLUT. *Comm. not.* 45: οἱ δὲ οὐ μόνον τὰς ἀρετὰς καὶ τὰς κακίας ζῷα εἶναι λέγουσιν, οὐδὲ τὰ πάθη μόνον, ὀργάς, καὶ φθόνους, καὶ λύπας, καὶ ἐπιχαιρεκακίας, οὐδὲ καταλήψεις, καὶ φαντασίας, καὶ ἀγνοιας, οὐδὲ τὰς τέχνας ζῷα, τὴν σκυτο-τομικὴν τὴν χαλκοτυπικήν· ἀλλὰ πρὸς τούτοις ἔτι καὶ τὰς ἐνεργείας σώματα καὶ ζῷα ποιοῦσιν.

[263]SEN. *Ep.* 106,4: bonum hominis necesse est corpus sit cum ipse sit corporalis.

[264]SEN. *Ep.* 106,5: non puto te dubitaturum an adfectus corpora sint.

[265]SEXT. *Math.* VII 38: οὐσίᾳ μὲν παρ᾽ ὅσον ἡ μὲν ἀλήθεια σῶμά ἐστιν. PLUT. *Plac.* IV 8 = DIELS., *Doxogr. gr.* pág. 396: οἱ Στωικοὶ τὰς μὲν αἰσθήσεις ἀληθεῖς.

[266]CIC. *Acad.* II 41, 126: Zenoni et reliquis fere Stoicis aether videtur summus deus, mente praeditus, qua omnia regatur. *De nat. d.* I 14,36 (Zeno) aethera deum dicit; DIOG L. VII 138: οὐρανὸς δέ ἐστιν ἡ ἐσχάτη περιφέρεια ἐν ᾗ πᾶν ἵδρυται τὸ θεῖον.

[267]DIOG. L VII 147: PLUT. *Def. or.* 19; *De comm. not.* 31,5. Cfr. *Stoicor. rep.* 38,5.

[268]DIOG. L. VII 156: ταύτην (alma) δ᾽ εἶναι τὸ συμφυὲς ἡμῖν πνεῦμα· διὸ καὶ σῶμα εἶναι καὶ μετὰ τὸν θάνατον ἐπιμένειν· φθαρτὴν δ᾽ εἶναι, τὴν δὲ τῶν ὅλων ἄφθαρτον, ἧς μέρη εἶναι τὰς ἐν τοῖς ζῴοις.

proviene precisamente de la ausencia total de cualquier principio teórico. Y mirando más allá del ámbito religioso, se puede ver cómo toda la historia romana lleva este terrible sello de practicidad, de valorar el *hecho* independientemente de cualquier principio teórico, de actuar y moverse, como dice Plutarco de los estoicos, según lo que parece[269].

Lo que a menudo se ha llamado cinismo romano no es, en última instancia, más que una incapacidad para ir más allá del *hecho*. La historia de la introducción de los cultos griegos en Roma muestra claramente esta incapacidad de juzgar un hecho fuera de él, en un contexto teórico.

Pero, por otra parte, esta adhesión a la realidad concreta dio a los romanos un sentido muy pleno de lo que es una piedra angular de la filosofía estoica: ajustarse y adaptarse a la realidad, buscar la felicidad en ella, haciendo de esta adaptación la verdadera virtud del hombre. Pocos pueblos como el romano tenían un sentido tan profundo de la realidad y supieron adaptarse a ella con tanta habilidad al mismo tiempo que la dominaban. Una filosofía como la platónica, y hasta cierto punto incluso la aristotélica, habría sacudido este sólido sentido práctico introduciendo elementos perturbadores. El estoicismo, en cambio, lo confirmó.

Y consideremos también el problema teológico.

Ciertamente el romano, precisamente por su ineptitud para todo pensamiento teológico, nunca tuvo una teología que pudiera ser confirmada por el estoicismo. Pero es seguro que quien quisiera crear una doctrina teológica que concordara con lo que los antiguos romanos pensaban de los dioses y de su relación con el hombre, habría pensado de forma poco diferente a los estoicos. Y ante todo los antiguos romanos y los dioses como los pensaban los estoicos, coincidían en un punto muy importante: la ausencia de personalidad. Para los estoicos, los dioses eran energías impersonales, como para los romanos, y sólo los conocían y experimentaban a través de la acción. En realidad, los estoicos, destruían todo antropomorfismo y concebían a los dioses como energías morales abstractas —aparte del

---

[269] PLUT. Stoic. rep. 47, 12 s.

materialismo— estaban en definitiva al mismo nivel que los antiguos romanos.

En otro aspecto había profunda coincidencia: en la forma de concebir la relación del hombre con el dios. El romano la concebía como una *acción*, que servía para poner al hombre en armonía con la divinidad. No se trataba, como hemos visto, de implorar la benevolencia y la gracia de los dioses, como habría hecho un griego o un judío, sino de procurarse el favor de los dioses realizando exactamente aquellas acciones que pondrían al hombre en armonía con ellos. De modo que el bienestar es el resultado de la acción *práctica*; no de una serie de pensamientos, sino de una serie de acciones; y esto es lo que se deducía de la filosofía estoica. E incluso estos dioses sin personalidad, sujetos a la muerte, tienen algo que recuerda a los estrechos y cerrados romanos antiguos.

Aún más estrecha es la concordancia entre el estoicismo y la concepción romana del más allá. Ya hemos visto que el antiguo romano no tenía ninguna concepción del más allá. El más allá era para él la nada: sólo sabía que el muerto era una energía viva que actuaba entre los hombres. Las concepciones escatológicas que se añadieron más tarde y desbordaron esta escatología antiquísima, derivada de Grecia, nunca fueron populares en Roma y permanecieron siempre en el ámbito de la leyenda poética. En cualquier caso, lo cierto es que el romano no tenía ideas escatológicas propias, que alguna vez concibió el más allá a *su* manera y que, en definitiva, estuvo muy cerca de los estoicos al considerar el alma como una energía impersonal que se desprende del cuerpo con la muerte y sigue existiendo.

Estos son los puntos de contacto que el estoicismo encontró en el espíritu romano. Y si quisiéramos ir más lejos, podríamos encontrar un íntimo acuerdo entre la dura retórica abstracta de los estoicos, que, sin embargo, no excluye acomodaciones prácticas de todo tipo, y la retórica moralista de los romanos, que, como sabemos, no se correspondía muy exactamente con la práctica. Pero no queremos ir demasiado lejos.

El estoicismo encontró así un terreno propicio en la mentalidad romana. Pero no podemos decir que diera buenos frutos. Intentemos no ceder a las ilusiones que puede crear la fría retórica moralista de Séneca o M. Aurelio, que bien podemos considerar como una especie de literatura didáctica, y consideremos el momento histórico-religioso.

Declinada ya la antigua religión, triunfó el antropomorfismo griego. Habiendo abandonado ya por completo a los dioses antiguos, el romano había concentrado la práctica totalidad de su religiosidad en nuevos dioses, había cambiado su mentalidad, creía en dioses personales y antropomórficos. Ahora bien, el estoicismo, que —como hemos dicho— habría sido la verdadera filosofía de la antigua religión, se encontró a sí mismo como la perfecta negación de la nueva religión antropomórfica. Así, los dioses, que para la fe ingenua y precisa de los romanos se presentaban como personas bien definidas y de apariencia humana, a los que se puede dirigir la oración confiadamente, se convirtieron en conceptos abstractos e incomprensibles. Zeus se convirtió en el éter, en el fuego primordial, en la razón universal o la ley universal, los demás se convirtieron en partes o aspectos de este dios único: Hera se convirtió en la parte de Zeus que se transformó en aire, Hefesto en la parte transformada en fuego elemental; Poseidón en la parte que mutó en agua, y así sucesivamente.

Los dioses personales de la religión estatal perdían así su carácter, su corporeidad; se convertían en abstracciones o hipóstasis que no podían ser objeto de fe.

Junto con esta teología absurda penetró en Roma la interpretación alegórica de los mitos.

La alegoría, al disolver la realidad del mito, desencarna la divinidad y la rechaza en abstracto: es la vía real del escepticismo que no se atreve a negar la tradición y prefiere aceptarla formalmente y negarla sustancialmente.

La crítica teológica siempre ha empezado por atribuir un significado no concreto, sino alegórico, a personas o relatos de la tradición. En Grecia, la reducción del mito a alegoría comenzó pronto, en el siglo VI, con Teágenes: desde entonces no ha dejado de desempeñar un papel importante en la especulación teológica, especialmente con Filón Alejandrino y más tarde con los neoplatónicos. Ni que decir tiene que desempeña un papel importante en la exégesis bíblica, especialmente para la crítica protestante.

Con el estoicismo, la alegoría entró triunfalmente en Roma: los dioses se convirtieron en elementos o fuerzas de la naturaleza, inimaginables, irrepresentables, diferentes, sin embargo, de los antiguos dioses que eran claros, precisos y comprensibles, mientras que los primeros, incomprensibles.

Por tanto, el estoicismo tuvo este efecto negativo en el espíritu de los romanos: mediante la alegoría, destruyó la concepción antropomórfica de la divinidad en la que los romanos se habían establecido, pero fue incapaz de sugerirles una concepción más elevada de la divinidad; un aspecto que, por ejemplo, resume el Bien platónico o el Motor inmóvil aristotélico: ni aunque lo hubiera hecho los propios romanos habrían sido capaces de seguirlo.

Y todavía no es suficiente.

La concepción antropomórfica de Dios trae consigo, como hemos visto, todo un complejo de acciones rituales particulares, que tienen razón de ser en la medida en que se refieren a una persona divina concreta. Ya hemos visto cómo el antropomorfismo griego alteró radicalmente toda la vida religiosa de los romanos, introduciendo entre el creyente y dios toda una serie de nuevas relaciones rituales, o nuevas interpretaciones de las relaciones rituales existentes. Que desde nuestro punto de vista esto fuera un mal, y casi una rebaja del nivel religioso, no se puede negar; pero es igualmente cierto, considerando las cosas históricamente, esta conciencia religiosa romana encontró un enriquecimiento considerable en el antropomorfismo. La necesidad de practicidad, típica de los romanos, encontró un amplio desahogo en el rito antropomórfico, al tener éste que ver con una persona divina perfectamente comprensible, cuyas necesidades eran bien conocidas y también podían satisfacerse ganándose su benevolencia.

Todo esto, que era muy importante para el romano, desapareció con la destrucción del dios personal y la alegorización del mito. Zenón pensaba como un perfecto filósofo, prohibiendo en su Política levantar templos a los dioses, pues lo construido por los trabajadores no es sagrado[270] y Séneca tenía razón al criticar las diversas ceremonias del culto[271]. Pero ¿de qué servían estas enseñanzas a un pueblo que identificaba la religión con la acción y necesitaba verter esta acción no sobre una abstracción sino sobre una persona concreta?

2 Así como el epicureismo

La otra doctrina que, junto al estoicismo, tuvo gran fortuna en Roma y fue su aliada en la obra de desintegración religiosa, fue el epicureísmo.

Sin duda, esta filosofía fue una de las más aceptadas en Roma.

Ateneo[272] narra que en el año 173 a.C. (o 155 a.C.) dos epicúreos —Alcio y Filisco— fueron expulsados por su mala influencia sobre los jóvenes. La narración de Ateneo insinúa una amplia difusión y concuerda con lo que Cicerón menciona repetidamente. Este, en sus escritos, refiere a un buen número de epicúreos[273], además de Lucrecio, por supuesto, y, quizá exagerando, afirma que el epicureísmo se había popularizado e incluso había invadido Italia después de que Amafinio fuera el primero en traducir la filosofía epicúrea al latín[274].

El favor especial de que gozó el epicureísmo en Roma merece consideración: estudiando sus posibles causas, llegaremos a la misma conclusión que nos sugirió el favor del que gozó el estoicismo: que entre el epicureísmo y la mentalidad romana existía una verdadera «afinidad electiva».

---

[270]Fr. 164; PLUT. *Stoic. rep.* VI 1; DIOG. L. VII 33.

[271]SEN. *Ep.* 41,1: Non sunt ad coelum elevandae manus nec exorandus aedituus, ut nos ad aures simulacri quasi magis exaudiri possimus admittat. *Nat. qua* II 35, 1: expiationes, procurationesque quo pertinent, si immutabilia sunt fata ? *Ep.* 95,4: vetemus salutationibus matutinis fungi et foribus adsidere templorum... vetemus lintea et strigiles Iovi ferre et speculum tenere Iunoni.

[272]ATHEN. XII 68 s. p. 547 A.

[273]Texto en ZELLER. Phil. d. Griech. III 1,5 ed. Pág 387 n. 2.

[274]CIC. *Tusc.* IV 3, 6-7: cnius libris editis commota *multitudo* contulit se ad eam potissimum disciplinam. Post Amafinium autem multi eiusdem aemuli rationis multa cum scripsissent, *Italiam totam occupaverunt* Cfr. *De Fin.* 1 7,25: cur *tam multi* sin Epicurei.

En primer lugar, el dogmatismo. Ninguna escuela filosófica griega fue tan dogmática como el epicureísmo. El propio fundador le había impuesto este carácter, no sólo vilipendiando y burlándose de cualquier otra doctrina que no fuera la suya, sin hacerle nunca el honor de un examen serio —¡qué diferencia con Aristóteles!— sino imponiendo a sus alumnos sus propias doctrinas de la manera más tiránica, hasta el punto de obligarles a aprender de memoria sus sentencias. Este carácter autoritario de la escuela se alimentaba también, sin duda, de una divinización cómica del maestro, él en viviente, que Epicuro no desdeñaba en absoluto y que, a su muerte, se convirtió en un culto regular. Sea como fuere, lo cierto es que el epicureísmo era una escuela apoyada sobre la autoridad: los discípulos no hacían más que vilipendiar a otras escuelas y repetían invariablemente las doctrinas de la suya propia, hasta el punto de que Plutarco no encontró extraño mantener disputas con Coloteo, que vivió alrededor de 400 años antes que él.

Este carácter dogmático se adaptaba bien al espíritu romano.

Los romanos amaban lo que era claro e incuestionable, necesitaban tener sus ideas fijadas en unos pocos dogmas precisos que les sirvieran de norma inmutable, porque no tenían una mentalidad apta para discutir, sobre todo en filosofía. De esta mentalidad surgió el ritualismo de los Indigitamenta y, en general, la increíble facilidad para aceptar sin discutir cualquier creencia, cualquier modelo artístico y cualquier doctrina; hasta cierto punto, surgió también la claridad y precisión del derecho romano.

A esta cualidad tan esencial se añadía otra igualmente acorde con el espíritu romano: el desprecio por el saber. Al fin y al cabo, los insultos que los epicúreos utilizaban como arma predilecta contra las demás escuelas[275] eran un medio cómodo para evitar la reflexión seria. Todo el epicureísmo, a partir de los escritos del maestro que nos han llegado, lleva —si se compara sobre todo con la filosofía

---

[275] Plutarco nos ofrece una curiosa floritura. *Non posse suav. viv.* 2,10864: XXX. τὰ γὰρ ἀνθρώποις αἴσχιστα ῥήματα, βωμολοχίας, ληκυθισμούς, ἀλαζονείας, ἑταιρήσεις, ἀνδροφονίας, βαρυστόνους, πολυφθόρους, βαρυεγκεφάλους συναγαγόντες. Ἀριστοτέλους καὶ Σωκράτους καὶ Πυθαγόρου... καὶ τίνος γὰρ οὐχὶ τῶν ἐπιφανῶν κατεσκεύασαν;

de Aristóteles— una impronta de gran superficialidad. Epicuro no consideraba —a la manera platónica y más aún a la aristotélica— la filosofía como una actividad teórica, sino como un mero medio práctico para alcanzar la felicidad[276]; puesto que, según él, la vida no necesita filosofar en vano, sino solo tranquilidad[277], no le interesaban los problemas esenciales de la filosofía —por ejemplo, la formación de las ideas— y no sentía necesidad de ninguna forma filosófica de razonamiento[278].

La filosofía de Epicuro fue, en definitiva, una revuelta contra la disciplina del espíritu, contra la obligación de ejercitar el pensamiento en la reflexión; y la revuelta epicúrea contra las filosofías anteriores, y especialmente contra Platón y Aristóteles, se parece mucho a la revuelta pragmatista y positivista contra el hegelianismo: con la grandísima diferencia de que, mientras el positivismo tuvo ese gran mérito de educar los espíritus en un mayor respeto por los hechos naturales y de hacer más fuerte y preciso el espíritu de observación, el epicureísmo, incluso en lo que se refiere a la investigación de la naturaleza, quedó muy por debajo, por citar solo dos ejemplos, los de Aristóteles y Teofrasto.

Y precisamente aquí aparece a plena luz la superficialidad de Epicuro, porque su desdén por el pensamiento abstracto no le indujo —como a tantos positivistas— a dedicar una atención especial a la naturaleza. De hecho, no tenía el profundo interés por la naturaleza que tuvieron Aristóteles o Teofrasto; no creía que importara averiguar si un hecho natural se produce de una u otra manera: no era, en suma, un científico. Y lo demuestra hasta la evidencia en su carta a

---

[276]SEXT. *Math.* XI 169: Ἐπίκ. ἔλεγε τὴν φιλοσοφίαν ἐνέργειαν εἶναι λόγοις καὶ διαλογισμοῖς τὸν εὐδαίμονα βίον περιποιοῦσαν. CIC. *De fin.* I 21,71: Nullam eruditionem esse duxit nisi quod bestae vitae disciplinam adiuvarent.
[277]DIOG. L X 87: ὁ γὰρ ἤδη ἀλογίας καὶ κενῆς δόξας ὁ βίος ἡμῶν ἔχει χρείαν, ἀλλὰ τοῦ ἀθορύβως ἡμᾶς ζῆν.
[278]CIC. *De fin.* I 7,22: Tollet definitiones, nihil de dividendo ac partiendo docet, non, quomodo efficiatur concludaturque ratio tradit, non, qua via captiosa solvantur, ambigua distinguantur, ostendit; CIC: *Acad.* II 30,97: ab Epicureo qui totam dialecticam et contemnit et irridet. DIOG. L X 31: τὴν διαλεκτικὴν ὡς παρέλκουσαν ἀποδοκιμάζουσιν. Cfr. CIC: *De fin. bon.* II 6,18.

Pitocles[279], conservada por Diógenes Laercio, que tiene por objeto —como él mismo dice— resumir sus doctrinas físicas, de modo que puedan recordarse fácilmente; tanto es así que recomienda a su discípulo que la guarde en la memoria y la examine en todos sus puntos con cuidadosa atención.

Un escrito tan definitivo, que debía aprenderse de memoria, solo podía contener las ideas precisas del maestro expuestas de forma precisa. Ahora, en cambio, es extraño cómo explica el mundo según sus ideas. Al llegar a hablar de los astros y de los fenómenos naturales, divaga de una hipótesis a otra, exponiendo dos o tres a veces contradictorias y con absoluta indiferencia. Así, por ejemplo, respecto al tamaño del sol y de los astros, dice que, en lo que a nosotros concierne, es tal como lo vemos, y que, considerado en sí mismo, puede ser un poco mayor, un poco menor o igual. De la salida y puesta de las estrellas dice que puede producirse por iluminación o por extinción, y no hay nada que demuestre lo contrario; pero añade que la causa también puede estar en la aparición sobre la Tierra y la ocultación posterior, y que no hay pruebas de lo contrario. Y en cuanto a los movimientos de las estrellas, supone que están causados por el movimiento giratorio de todo el cielo, pero inmediatamente después conjetura que, por el contrario, el cielo permanece inmóvil y las estrellas, en cambio, se mueven.

Y así los movimientos trópicos del sol y de la luna pueden ser producidos por la oblicuidad del cielo, por el empuje contrario del aire, o porque continuamente se enciende materia adecuada que luego desaparece. La creciente y la menguante de la luna pueden producirse por conversión del astro, por ocultación o por diferente conformación del aire. La luna puede tener luz propia o recibirla del sol. El eclipse puede ocurrir ya sea por extinción, por interposición de cuerpos, etcétera.

Pasando luego a los fenómenos naturales, las nubes pueden formarse bien por condensación diversa del aire, causada por el empuje continuo de los vientos, o por el variado entretejido de átomos conectados entre sí para formar las nubes, o incluso por la recepción de

---

[279] Diog. L. X 84 s.

efluentes acuosos de la tierra y del cielo; y las precipitaciones pueden producirse bien por transformación o compresión de las nubes, o finalmente por emanaciones acuosas agitadas a través del aire: el trueno puede originarse bien por el viento arremolinado encerrado en las cavidades de las nubes, bien por el estruendo producido en la nube por el fuego hinchado por el viento, bien por el desgarramiento de las nubes, o bien porque las nubes chocan y se rompen entre sí; y el relámpago se produce bien por el roce o la colisión de las nubes, que dispersa una combinación de átomos para producir fuego, porque los vientos hacen salir de las nubes cuerpos que producen el centelleo, porque las nubes por el peso o empuje de los vientos se aplastan unas a otras, porque las finísimas partículas de luz se filtran a través de las nubes de modo que se encienden, por la ignición del viento producida por la intensidad de este movimiento, o, finalmente, porque las nubes se desgarran bajo el ímpetu de los vientos y los átomos ígneos se precipitan para producir el rayo. Y Epicuro añade que el rayo puede producirse de otras varias maneras «ateniéndose siempre, sin embargo, —advierte— a los fenómenos». Y así, los relámpagos, los torbellinos, los terremotos, los vientos, el granizo, la nieve, el rocío, la escarcha, el hielo, el arco iris, los cometas, etcétera., se explican de dos o incluso tres maneras, a veces muy opuestas. Así, el hielo se forma bien porque todos los elementos redondos son expulsados del agua por la presión y en su lugar se unen los angulosos y de bordes afilados, o bien porque inversamente estos elementos se añaden desde el exterior y hacen que el agua se consolide desplazando a los elementos redondos.

En conclusión, Epicuro, aparte del escaso valor intrínseco de sus hipótesis de las que no se puede naturalmente pretender un valor científico, muestra una singular indiferencia científica hacia la naturaleza: no demuestra que da más peso a una hipótesis que a otra, y las enumera todas indiferentemente, incluso cuando son antitéticas, peor aún si —como parece ser el caso— admite que efectivamente un fenómeno, por ejemplo la congelación del agua, puede producirse de dos maneras antitéticas. Todo esto muestra la ligereza con que Epicuro consideraba no solo las ideas abstractas, sino también la naturaleza, que para él representaba la única verdadera: un extraño contraste con Aristóteles, quien, si bien tiene en gran estima el filosofar abstracto, muestra gran severidad en su investigación de la naturaleza.

La misma superficialidad impregna toda la doctrina fundamental de la filosofía: digo la doctrina del conocimiento, tal como la concibió Epicuro.

En efecto, el conocimiento se produce de la manera más simple y comprensible. De la superficie de los cuerpos se desprende —explica Epicuro en su carta a Heródoto[280]— emanaciones continuas que no se manifiestan por una disminución del cuerpo porque éste recibe una continua reposición de materia. Estas emanaciones conservan durante mucho tiempo la disposición y el orden que tenían los átomos en el cuerpo sólido, aunque a veces se descomponen. Así se forman las imágenes, o ídolos, que atraviesan el espacio, y al entrar en contacto con los ojos nos dan una visión no de los cuerpos, sino de sus imágenes. A veces estas imágenes son demasiado sutiles y no se perciben. Del mismo modo se forman representaciones que no corresponden a objetos reales, pues algunas de las imágenes duran más que los propios objetos, y a veces incluso del encuentro accidental de imágenes se forman en el aire otras que no derivan de ningún cuerpo. Cuando percibimos de manera errónea y confusa, es porque las imágenes nos han llegado cambiadas o modificadas. El movimiento de las imágenes deriva de la sucesión de una imagen a otra que nos da la impresión de un cambio.

Del mismo modo, la audición procede de una salida de lo que emite un sonido o una voz y llega a nuestros oídos. Lo mismo ocurre con el olfato. La inteligencia, nuestro pensamiento, no tiene por qué participar en modo alguno en este proceso; de hecho, el engaño y el error surgen precisamente de lo que nuestra opinión añade a lo que dan las sensaciones. Nada es más fácil: basta con confiar en los sentidos.

¡Y qué fácil es conocer y comprender el mundo! El cosmos es un cuerpo compuesto de cuerpos y vacíos, y que es tal lo demuestran

---

[280] Diog. L. X 48 s.

las sensaciones. Y aparte de los cuerpos y del vacío, no hay nada que pueda siquiera pensarse; y el mundo es infinito porque infinito es el número de cuerpos; y los cuerpos están formados por átomos indivisibles, que tienen el peso como única propiedad, y están en constante movimiento al caer hacia lo bajo; y algunos se desvían del movimiento rectilíneo y así chocan entre sí y rebotan, generando así el movimiento.

Así, el mundo entero recibe su impulso y su movimiento no de una causa misteriosa y divina, sino de un proceso muy simple como es el desvío de los átomos de su caída, sin que este proceso eterno tenga otra razón fuera de sí mismo.

El problema del alma se convierte también en un problema de una simplicidad ejemplar. El alma es un cuerpo, y es una tontería pensar que no lo es[281], porque si no fuera un cuerpo, no podría producir ni tener sensaciones. Lo que para el espiritualismo es un obstáculo para el pleno desarrollo de las facultades del alma, es decir, la materialidad, es en cambio para el epicureísmo una garantía, porque fuera de la corporeidad no hay ser ni vida. Entonces el alma se compone de la sustancia más sutil, más ligera y más móvil, que consiste en el aire, el fuego y el pneuma, y de una cuarta sustancia, más sutil que ninguna otra, que es la causa de la sensibilidad; y según cómo estas sustancias se mezclan en diversos grados en el alma, varía su temperamento.. Cuando con la muerte se rompe el vínculo entre el alma y el cuerpo, los átomos que la componen se disuelven en su movilidad y entonces es la nada, porque todo bien y todo mal reside en la sensación y la muerte destruye la sensación. Con la muerte cesa todo mal y comienza un tiempo que no existe para nosotros.

No hay entonces nada más allá de la materia ni más allá de la vida; todo está ante nosotros sin ningún misterio; el hombre puede conocerlo todo sin sentir en absoluto la necesidad de investigar más allá de lo que ve. Y este mundo claro y simple se mueve con la misma simplicidad, viviendo una vida mecánica muy comprensible, que no da lugar a dudas ni a tormentos. Todo sucede mecánicamente por

---

[281] Diog: L. X 67: οἱ λέγοντες ἀσώματον εἶναι τὴν ψυχὴν ματαίξουσιν.

ciega necesidad, sin ningún finalismo. No hay divinidad a la que apelar como responsable de lo que sucede: el mundo es como es, porque tiene que ser así.

Y ahora intentemos relacionar la filosofía epicúrea con el alma romana.

Expresándonos paradójicamente, podemos decir que toda esta superficialidad e indiferencia hacia el concepto de verdad es mucho más romana que griega. Toda la tradición filosófica griega está impregnada de una verdadera ansia por ver claramente el mundo; el romano nunca tuvo tal tradición. Ya hemos visto que en religión no distinguía la verdad de la falsedad, salvo desde el punto de vista ritual y estatal. Su mentalidad práctica rehuía el pensamiento: el antiguo romano, como Catón, era espontáneamente enemigo de toda forma superior del espíritu, y creía sinceramente que el arte, la literatura y la filosofía eran, más o menos, otras tantas formas de corrupción. La lucha de Catón contra la invasión de la cultura griega se inspiró en esta profunda intuición: que la verdadera esencia del romano debe ser *práctica*; y que la consuetudo maiorum, a la que se refieren los censores en su edicto del año 92, contra los retóricos[282], no es en el fondo más que la defensa de una forma mentis inferior contra las influencias de una civilización superior.

El epicureísmo, ciertamente sin quererlo, se reveló como la verdadera filosofía de esta mentalidad superficial y perezosa. Al sentido práctico romano debió de gustarle una filosofía que afirmaba que la única realidad es la corpórea que se ve y se siente, y que, puesto que el hombre carece de cualquier medio de conocimiento, la única base para llegar a ella era la sensación, y que toda sensación corresponde, como tal, a una realidad válida en sí misma. Así se elimina el gran problema del conocimiento, es decir, de lo verdadero y de lo falso: la verdad está ahí, ante nosotros, y no necesitamos hacer nada más que recibir imágenes de ella, única base de nuestro pensamiento.

Igualmente claro, simple y preciso aparecía el mundo según la visión epicúrea. Paradójicamente, podemos comparar el mundo mecánico de los epicúreos con el mundo divino de la antigua religión

---

[282]GELL. XV 11.

romana. Los dioses que se turnan para regir la vida humana en sus diversos momentos, porque deben hacerlo, actúan como los átomos del cosmos; su serie está predeterminada por el destino. Las acciones rituales deben realizarse de esa manera concreta y en ese momento concreto, sin poder decir por qué, simplemente porque así debe hacerse. Y este mundo, que no tiene explicación adecuada, y que es así porque así es, está dominado por el *fatum*, el destino impersonal, sin voluntad ni inteligencia, verdadera personificación de lo ineluctable e inexplicable.

La doctrina epicúrea del alma también armonizaba bien con algunos aspectos de la conciencia romana, especialmente la ausencia de toda mitología escatológica.

Como hemos visto, el antiguo romano no sabía explicar el más allá. Su pobre imaginación no le permitía «construir» una vida después de la muerte como habían hecho los griegos; por lo tanto, no tenía ni idea de en qué se convierte el alma después de la muerte y tendía a pensar en la muerte como la ausencia total de toda sensación. He aquí que el epicurismo, mucho mejor que el estoicismo, da una explicación teórica de esta *nada* de ultratumba: después de la muerte está la nada, porque el alma se disuelve con la propia muerte. El estoicismo afirma al menos una escatología temporal; el epicureísmo la suprime.

De este modo, Epicuro aportó una confirmación teórica a lo que sin duda era una gran debilidad espiritual de los romanos en comparación con los griegos y, sobre todo, con el cristianismo: la ausencia de una doctrina más allá de lo mundano, ese mar en el que había que vadear. Epicuro creía que la mitología escatológica constituía una debilidad espiritual y entendía su filosofía como un antídoto contra ella[283], considerando también una ventaja estar

---

[283]Diog. L. X 81: ἐπὶ δὲ τούτοις ἅπασιν ἐκεῖνο δεῖ κατανοεῖν, ὅτι τάραχος ὁ κυριώτατος ταῖς ἀνθρωπίναις ψυχαῖς γίνεται ἐν τῷ ταὐτὰ μακάριά τε δοξάζειν καὶ ἄφθαρτα καὶ ὑπεναντίας ἔχειν τούτοις βουλήσεις ἅμα καὶ πράξεις καὶ αἰτίας, καὶ ἐν τῷ αἰωνιόν τι δεινὸν καὶ προσδοκᾶν καὶ ὑποπτεύειν κατὰ τοὺς μύθους. Diog. L. X 124: μηδὲν πρὸς ἡμᾶς εἶναι τὸν θάνατον, ἐπεὶ πᾶν ἀγαθὸν καὶ κακὸν ἐν αἰσθήσει στέρησις δ᾽ ἐστὶν αἰσθήσεως ὁ θάνατος. ὅθεν γνῶσις ὀρθὴ τοῦ μηδὲν εἶναι πρὸς ἡμᾶς τὸν θάνατον ἀπολαυστὸν ποιεῖ τὸ τῆς ζωῆς θνητόν, οὐκ ἄπειρον προστιθεῖσα χρόνον, ἀλλὰ τὸν τῆς θανάτου ἀφελομένη πόθον.

privado de toda aspiración a la inmortalidad.

Pero en esto Epicuro no tuvo en cuenta la psicología humana, en la que las esperanzas de otro mundo tienen un valor muy superior de lo que Epicuro pensaba; y Plutarco, polemizando con él, señaló con razón que el hombre prefiere saber que existe una vida de ultratumba, aun a costa de los tormentos y espantos de los que habla la mitología que Epicuro combatió[284].

En esencia, Plutarco anticipó respecto a Epicuro la postura polémica del cristianismo frente al materialismo. Los argumentos que el filósofo de Queronea pone en boca de un iniciado para combatir el epicureísmo[285], son de corte puramente cristiano: el deseo de saber que después de la muerte nos encontraremos con nuestros seres queridos, la necesidad de saber que, a pesar de todo, existen, la necesidad de saber que la muerte no lo destruye todo, la necesidad de que los justos y los buenos obtengan en la otra vida la recompensa de su virtud y vean castigados a los malvados, el deseo de poder liberarse después de la muerte de la carga del cuerpo y obtener un conocimiento más perfecto y profundo, el menor apego a la vida que siente quien cree que la muerte es el comienzo de otra vida mejor, el dar menos importancia tanto a la fortuna próspera como a la adversa, y finalmente la esperanza de la bienaventuranza ultramundana.

Todas estas que enumera Plutarco son, sin duda, las ventajas que, en mayor o menor medida, ofrece cualquier concepción del más allá que implique alguna forma de retribución, por burda que sea; y éstas eran precisamente las ventajas que la escatología griega ofrecía a los romanos. Ahora bien, el epicureísmo se presentaba como adversario de la escatología griega y como defensor de la antigua escatología romana.

En conclusión, el epicureísmo era una forma de antimitologismo, y desde este punto de vista debe ponerse en relación con la mitología grecorromana, es más, con el problema mitológico y teológico en

---

[284]PLUT. C. *Epic. beat*, 27,1105 A. ἢν (ψυχὴν) Ἐπ. εἰς κενὸν καὶ ἀτόμους διασπορὰν ποιῶν, ἔτι μᾶλλον ἐκκόπτει τὴν ἐλπίδα τῆς ἀφθαρσίας· δι' ἣν ὀλίγου δέω λέγειν πάντας εἶναι καὶ πάσας προθύμους τῷ Κερβέρῳ διαδάκνεσθαι, καὶ φορεῖν εἰς τὸν ἀτρήπτον, ὅπως ἐν τῷ εἶναι μόνον διαμένωσι, μηδὲ ἀναιρεθῶσι. Cfr. IVI 30,1106 E.

[285]IVI capp. 25 ss.

general. El antimitologismo era, después de todo, la razón de ser y casi la piedra angular de la filosofía epicúrea. La investigación de la propia naturaleza tenía su razón de ser no tanto en un genuino amor por las ciencias naturales como en una instintiva antipatía por el mito; cualquier explicación parecía aceptable siempre que no contuviera mitos; y no importaba tanto la explicación como tal, sino la ausencia de mito. Lo dice el propio Epicuro cuando explica la formación del rayo

Este fue el origen profundo del pensamiento epicúreo. Su mecanismo absurdo puede explicarse como un esfuerzo por superar completamente el mitologismo, por expulsar a la divinidad del mundo mejor que los atomistas de los que Epicuro es su continuador. Él da la batalla final en la guerra antimitológica que ya había comenzado con los presocráticos y que nunca fue interrumpida. En la religión popular griega, los dioses antropomórficos de Homero se conservan por respeto a la tradición, pero en realidad, la filosofía epicúrea no les concede un lugar en el mundo; los concibe como un mundo cerrado al que el hombre no puede llegar, más indiferente a los casos humanos que los propios dioses homéricos.

El antimitologismo de Epicuro era tan completo e intenso que le hizo confundir la mitología con la religión. Este es un punto muy importante que debe ser bien considerado. También Platón, y más aún Aristóteles, se opusieron al mitologismo, pero supieron distinguir la religión de éste; el motor inmóvil del Estagirita representa, como hemos visto, la culminación de la evolución antimitológica, pero que puede y debe considerarse como una conquista religiosa suprema, según nuestra concepción de la religión. En cambio, Epicuro cayó en un malentendido nada infrecuente e involucró a la religión misma en su polémica antimitológica: este malentendido es muy frecuente, sobre todo en las actitudes antidogmáticas y antiteológicas, que confunden la aversión a la ortodoxia con la fe cristiana o incluso con el propio sentimiento religioso. La raíz de muchas actitudes ateas está precisamente en este malentendido; y el proceso por el que muchos pierden la fe, deriva precisamente de la incapacidad de separar la teología de la religión. Strauss es un ejemplo típico.

Epicuro, sin duda, cae en este malentendido. Y Plutarco, que era un espíritu religioso sano ajeno a teologismos o mitologismos, lo entiende muy bien. Observa, con mucho sentido común, que la Providencia no es la cosa espantosa y grotesca que los epicúreos pensaban que era, y que hay pocos hombres de los que se pueda decir que es mejor que no teman a Dios, porque de una manera u otra, el temor de Dios siempre aporta una ventaja incluso a aquellos que no tienen una concepción elevada[286]. El epicureísmo no comprendió esta verdad tan simple. Epicuro declaró impío no al que niega el politeísmo sino al que lo acepta[287], sin plantear el problema, que Platón no había pasado por alto, de si la forma religiosa politeísta no podía contener diversos valores religiosos, y si —más aún— la religiosidad ya no consiste en dar contenido espiritual a ciertos esquemas caducos o superables, sino en negarlos como tales, independientemente de su eventual contenido. Hizo como quien niega, como tal, el culto de los santos y cree que esto implica necesariamente una negación de la religión. Y Lucrecio sigue paso a paso a su maestro cuando pasa a exponer los males producidos por la religión, donde debería hablar de mitología. Epicuro llegó a burlarse, como mito digno de condena, de la Providencia misma[288]. Desde este punto de vista, es lógico que Epicuro condenara el rito. La condena es lógica en sí misma, porque, habiendo negado la divinidad en cualquier forma, el rito no podía parecerle otra cosa que una superstición inútil. Y también en esto la crítica de Plutarco da en el blanco. En efecto, observa razonablemente que los epicúreos consideraban que el rito carecía de contenido religioso, porque no tenían fe en él como medio de comunicación con Dios; y que en realidad es un ateo el que no asiste al sacrificio como una ceremonia sagrada, y no puede sentirse más que ser aburrido, porque recita hipócritamente las oraciones, se inclina por miedo a la opinión de los demás y pronuncia las fórmulas en contra de su propia filosofía y asiste a un sacrificio como

---

[286] Plut. *C. Epic. beat*, 21 pág. 1101 C.
[287] Diog. L. X 120: ἀσεβὴς δὲ οὐχ ὁ τῶν πολλῶν θεοὺς ἀναιρῶν ἀλλ' ὁ τὰς τῶν πολλῶν δόξας θεοῖς προσάπτων. Cfr. Cic. *N. d.* I 16,42 s.
[288] Plut. *Def. orac* 19 pág. 4203: Ἐπικουρίων δὲ χλευασμοὺς καὶ γέλωτας ὄν τι φοβητέον, οἷς τολμῶσι χρῆσθαι καὶ κατὰ τῆς προνοίας μῦθον αὐτὴν ἀποκαλοῦντες. Cic. *N. d.* I 8,18.

si estuviera ante un cocinero y se va pensando que en realidad ha realizado el sacrificio pero que los dioses no serán benignos con él[289].

Plutarco puso el dedo en la llaga. Hay muchos que niegan el valor de un acto ritual —por ejemplo, la Misa y la Eucaristía— precisamente porque, por falta de fe, no creen en la eficacia del acto ritual como medio de comunicación con Dios y, para utilizar el ingenioso dicho de Plutarco, confunden al sacerdote con un cocinero.

Para valorar correctamente el culto, hay que juzgarlo por lo que es, o quiere ser, para el creyente: un medio para entrar en comunión con Dios. Por eso Hegel veía en el culto el momento culminante de la vida religiosa, aquel en el que lo finito y lo infinito, el hombre y Dios, se tocan.

Y por eso un espíritu verdaderamente religioso no cree que haya vida religiosa concreta sin práctica, o, lo que es lo mismo, experiencia religiosa.

Ahora bien, la religión romana, antes ritualista y abstracta, se había convertido en su nueva forma grecorromana en ritualista y concreta; en otras palabras, al ritualismo se había añadido, sin tocarlo en absoluto, el mitologismo; y éstos eran ahora los dos elementos constitutivos de la religión romana. Una reforma religiosa «protestante» habría dado contenido al rito y anulado, o al menos limitado, el mito, precisamente como hizo el luteranismo.

Pero el epicureísmo —aparte de que estaba lejos de tener el poder de una reforma— era, por llamarlo así, una reforma atea; negaba el rito y negaba el mito no desde un punto de vista religioso superior, sino desde un punto de vista especulativo. Por esta razón, su obra era religiosamente negativa, porque socavaba la religión romana en su esencia misma sin ninguna voluntad ni posibilidad reformadora seria.

Queda por abordar un punto: las consecuencias *morales* del epicureísmo.

El problema está bastante manido porque «el epicureísmo romano» es uno de los viejos lugares comunes de la historiografía moralista. Tampoco hay que negar que hay mucho de cierto en ello;

---

[289] PLUT. *C. Epic. beat.* 21,1102 s.

pero no valdría la pena repetir las conocidas consideraciones sobre la degeneración epicúrea de los romanos. Ciertamente, la filosofía epicúrea, desde sus inicios, estuvo lastrada por un malentendido provocado por la doctrina de la *hedoné*, meta suprema de la filosofía epicúrea, que se prestaba a interpretaciones erróneas sensualistas. No cabe duda de que Epicuro no entendía la *hedoné* tal como la entendían tanto el epicureísmo corriente como sus adversarios; pero aunque el propio Epicuro vio con sus propios ojos el mal uso de su doctrina y protestó contra ello[290], nunca pareció preguntarse por qué su filosofía fue tan malinterpretada desde el principio; y el historiador debe preguntarse a su vez *por qué* el epicureísmo, tanto en Grecia como en Roma, sufrió esta constante malinterpretación, a pesar de los esfuerzos de sus adeptos.

La verdad profunda, que Epicuro no había visto, era que el malentendido de su *hedoné* no era simplemente lo que podríamos llamar un malentendido filosófico, sino la conclusión espontánea de toda su filosofía.

En otras palabras, cualquiera que hubiera aceptado seriamente la doctrina epicúrea en sus consecuencias prácticas no podía sino llegar a entender la *hedoné* como *placer*: a ello conducía precisamente esa negación total de los valores espirituales, de la «filosofía vacía», que Epicuro había puesto en práctica.

La experiencia singular que Epicuro vio, sin comprenderla, reside precisamente aquí.

Al mismo tiempo, esto explica por qué los romanos interpretaron erróneamente la doctrina epicúrea: cayeron en el mismo malentendido en el que habían caído los griegos contemporáneos del filósofo, y la consideraron como la doctrina de la *voluptas*[291]. Un error ciertamente

---

[290] Diog. L. X. 131-2: ὅταν οὖν λέγομεν ἡδονὴν τέλος εἶναι, οὐ τὰς τῶν ἀσώτων ἡδονὰς καὶ τὰς ἐν ἀπολαύσει κειμένας λέγομεν. ὡς τινες ἀγνοοῦντες καὶ οὐχ ὁμολογοῦντες ἢ κακῶς ἐκδεχόμενοι νομίζουσιν, ἀλλὰ τὸ μὴ ἀλγεῖν κατὰ σῶμα μήτε τράπεσθαι κατὰ ψυχήν, οὐ γὰρ πότοι καὶ κῶμοι συνείροντες οὐδ' ἀπολαύσεις παίδων καὶ γυναικῶν οὐδ' ἰχθύων καὶ τῶν ἄλλων ὅσα φέρει πολυτελὴς τράπεζα, τὸν ἡδὺν γεννᾷ βίον, ἀλλὰ νήφων λογισμὸς καὶ τὰς αἰτίας ἐξερευνῶν πάσης αἱρέσεως καὶ φυγῆς καὶ τὰς δόξας ἐξελαύνων ἀφ' ὧν πλεῖστος τὰς ψυχὰς καταλαμβάνει θόρυβος.

[291] Cic. *Tusc.* IV 3,6: (Amafinius) cuius libris editis commota multitudo contulit se ad eam potissium disciplinam, sive quod erat cognitu perfacilis sive quod

desde un punto de vista formal, pero no desde un punto de vista sustancial.

3 Creando una escisión permanente entre religión y filosofía

Así, estoicismo y epicureísmo, cada uno por su lado, acordaron disolver la religión romana por una verdadera fatalidad histórica.

Algunos pueden objetar que la filosofía no pudo ejercer una influencia tan profunda sobre la religión romana, pensando que, como sólo era cultivada por personas muy cultas, ciertamente no podía ejercer una gran influencia sobre el conjunto de la sociedad. Esta consideración, que en general es correcta, es, sin embargo, muy falsa en el caso particular; porque presupone que la sociedad romana era como nunca fue, ni siquiera durante la república: es decir, como una sociedad verdaderamente democrática, en la que el pueblo real tenía su propia función y acción. Sólo en un régimen verdaderamente democrático, como lo fue, por ejemplo, Atenas, se puede admitir que el pueblo ejerce una influencia directa y consciente en la evolución de la cultura y la religión. Y así ocurrió en Grecia. Pero, como todo el mundo sabe, la estructura social romana fue siempre oligárquica y autoritaria, y el pueblo, como tal, nunca tuvo parte en la política ni en la religión que no estuviera bajo la voluntad de la oligarquía o aristocracia gobernante, ya sea el senado, el dictador o el emperador. Visto esto, es vano preguntarse si la filosofía griega tuvo o no difusión entre el pueblo; pues aunque la hubiera tenido, nunca podría haber ejercido influencia alguna sobre la religión romana al margen de la voluntad del senado. Así que es inútil preguntarse, por dar un ejemplo, si la religión dionisíaca

---

invitabantur *inlecebris blandis voluptatibus*. *De fin*, I 7,25: eur tam multi sint Epicurei, sunt aliae quoque causae, sed multitudinem haec maxime allicit, quod ita putant dici ab illo recta et honesta quae sint, ea facere ipsa per se laetitiam, *id estvoluptatem*. IVI II 4,11; Hoc frequenter dici solet a vobis, non intellegere nos quam dicat Epicurus voluptatem. Egone non intellego quid sit ἡδονή, graece, latine voluptas? utram tandem linguam nescio? *Cfr.* SEN. *De Vita b ata* 123.

ejerció o no una gran influencia en la religión romana en el momento, ya que sabemos que el senado, consultado De Bacchanalibus, truncó decisivamente esa religión e impidió que siguiera extendiéndose libremente. Es necesario representar la sociedad romana tal y como era en realidad, es decir, estrictamente oligárquica: una sociedad en la que un pequeño grupo de personas o incluso una sola persona podía operar —como hizo Augusto, por ejemplo— una verdadera y profunda reforma religiosa al margen de la voluntad del pueblo; y, dada una sociedad así, cabe preguntarse si esta oligarquía que dirigía los destinos religiosos del Estado, era o no seguidora de la filosofía griega. En este caso, habremos planteado exactamente el problema. Un ejemplo típico es el del pontifex maximus Q. Scevola, fiel seguidor de Panezio que, con amable escepticismo, muy curioso en un pontífice, dividió —siguiendo a Varrón— a los dioses en tres categorías: la de los poetas, la de los filósofos y la de los gobiernos[292]. Podemos saber qué dosis de desconfianza hacia la religión, de la que era sacerdote, inspiró a Q. Scevola en la crítica estoica a la concepción antropomórfica de los dioses, y también podemos negar que, si en lugar de estar embebido de la filosofía estoica, Q. Scevola hubiera sido un ferviente seguidor de la antigua religión, ¿podría haber contribuido, aunque hubiese sido en una mínima medida, a su restauración?

Desde este punto de vista, creemos que incluso las manifestaciones religiosas de poetas o filósofos —que parecen, como tales, demasiado aristocráticas y excepcionales, para que se les atribuya una vasta influencia—, incluso, digo, que las expresiones religiosas de poetas o filósofos pueden haber pesado en los destinos de la religión romana.

Aludo, por ejemplo, a la condena de Varrón del genus mythicon[293] y a la traducción y comentario de Ennio sobre el poema de

---

[292] AUG. *Civ. D.* IV 27.
[293] Ap. AUG. *Civ. Dei* V 5 e 6.

Euemero[294], o a las propias afirmaciones epicúreas de Ennio[295] y especialmente al poema de Lucrecio. Estas manifestaciones, que en una sociedad organizada democráticamente están destinadas a seguir siendo patrimonio de unos pocos elegidos, tuvieron sin duda una profunda influencia en la oligarquía romana.

Lo que importa, por tanto, no es si la filosofía griega estaba extendida o no, sino si se difundió en las clases que gobernaban, y que crearon prácticamente la historia romana. Ahora sabemos, y no hace falta documentarlo, que la filosofía griega estaba especialmente extendida entre las llamadas clases dirigentes. Entre los estoicos conspicuos se encuentran Q. Muzio Scevola, *pontifex maximus* y famoso jurista; Valerio Sorano, a quien Cicerón llama el más docto de los senadores[296]; P. Rutilio Rufo, antiguo procónsul en África; L. Elio Stilio, maestro de Varrón; Spurio Mummio, hermano del conquistador de Corinto. Y cuántos otros no habrán existido entre estos numerosos y poderosos filohelenos como Emilio Paulo, Escipión Africano, T. Quincio Flaminino, que gobernaron los destinos de Roma durante la república, cuya acción debió de ser muy poderosa, aunque no esté documentada, y a quienes se debe sin duda gran parte de la responsabilidad de la helenización de la religión romana.

Ciertamente no toda la alta sociedad estaba helenizada; en el senado la corriente predominante era conservadora, y así lo demostraron las frecuentes medidas del senado para defenderse de la avalancha filosófica griega.

En el año 181 a.C., el senado hizo quemar los libros pitagóricos encontrados en la colina del Janículo, encerrados en un cofre junto con la tumba de Numa; en el año 173 a.C., los epicúreos Alcio y Filisto fueron expulsados; en el año 161 a.C., se emitió el consulto

---

[294]**N.d.E.**: Es posible que el autor se refiera al poema de Evémero, concretamente a su obra «Hiera Anagraphé» (Inscripción Sagrada), en la que expone su teoría del evemerismo. Según esta teoría, los dioses eran en realidad personajes históricos que, con el tiempo, fueron divinizados. Ennio tradujo y adaptó esta obra al latín con el título «Euhemerus», lo que ayudó a difundir estas ideas en el mundo romano.

[295]Ap. Cic. *Div.* II. 50, 104.

[296]Cic. *De or.* III 12, 43.

senatorial *De philosophis et rethoricis*, que desterraba a los filósofos de Roma; en el año 92 a.C., un edicto de los censores reprendió a los profesores y alumnos que asistían a escuelas donde se enseñaba filosofía griega. En ocasiones, el senado entró en guerra contra la filosofía griega aconsejado por algún conservador, como Catón, que en su fanatismo veía claras las consecuencias, y cuando llegaron a Roma los embajadores Carneades y Diógenes el Estoico, el viejo romano, viendo el fanatismo con que los filósofos griegos eran recibidos por la juventud, propuso que se expulsara a todos los filósofos griegos con un pretexto[297]. Y Varrón, que tampoco era un reaccionario y que, con su condena del *genus mythicon*, se había alineado con los filósofos griegos, exigía sin embargo que los libros filosóficos que trataban sobre la religión se leyeran sólo en las escuelas y en casa, pero que no se llevaran en público[298].

Ciertamente, los conservadores tenían razón.

El efecto general que la filosofía griega tuvo en la conciencia religiosa romana, es aclarado por Cicerón, quien considera como un caso muy probable que quienes estudian filosofía acaben por no creer en los dioses[299]. Y Dionisio de Halicarnaso coincide con Cicerón, al afirmar que quien había estudiado lo que él llama «filosofías ateas» debía perder la creencia en la mitología[300].

Sería absurdo atribuir la debacle religiosa romana exclusivamente, o incluso principalmente, a la filosofía griega; por el contrario, nos gustaría pensar que esta debacle se debió a causas muy diferentes. Pero la pregunta sigue en pie: ¿por qué la filosofía griega fue incapaz de evitarlo? ¿Cómo es que las clases dirigentes, impregnadas de filosofía griega, no propusieron ninguna renovación religiosa? Hay que pensar en la enorme fuerza renovadora que tuvieron el platonismo y el aristotelismo en el cristianismo medieval, y en la extraordinaria

---

[297] Plut. *Cat*, 22.
[298] AUG. *Civ. D.* VI 5.
[299] CIC. *De inv.* I 29,16: In eo quod in opinione positum est huiusmodi sunt probabilita: impiis apud poenas esse paratas, eos qui philosophiae dent operam non arbitrari deos esse.
[300] DION. HAL. II 68: ὅσοι μὲν οὖν τὰς ἀθέους ἀσκοῦσι φιλοσοφίας, εἰ δὴ καὶ φιλοσοφίας αὐτὰς δεῖ καλεῖν,

influencia del hegelismo en la teología protestante y en el modernismo católico, y se convendrá en que el problema merece ser debatido.

La filosofía griega penetró en Roma en un movimiento paralelo al advenimiento de la religión griega, aunque posterior a ésta, de modo que Roma acabó dominada por el espíritu griego tanto en la religión como en la filosofía. Aunque la antigua religión cayó en el olvido, esta doble y concomitante influencia griega debería haber conducido finalmente al espíritu romano a su unidad filosófico-religiosa. En cambio, no fue así: al contrario, el contraste interno se acrecentó. ¿Por qué?

Debemos remontarnos por un momento al origen y a la historia de la filosofía en Grecia. Ésta no surgió en armonía con la religión del Estado, ni mucho menos derivó de ella, ni su historia se desarrolló de acuerdo con la religión. La especulación griega surgió en antítesis con la religión estatal: los presocráticos están completamente fuera de la religión; y no menos lo están los atomistas y sofistas. Platón, a primera vista, está más cerca de ella, pero en esencia está igual de distante porque su crítica a la religión homérica no es menos firme; con Aristóteles, la religión olímpica queda completamente superada; con los estoicos y epicúreos, sufre una revalorización y reelaboración que en realidad la destruye.

Entonces, existía en Grecia una profunda antítesis entre filosofía y religión, determinada por esto: que la filosofía se oponía precisamente a aquello que era la esencia de la religión de Estado, a saber, el antropomorfismo. Esta fue la razón del desacuerdo entre religión y filosofía que, a pesar de la buena voluntad de Platón y los estoicos, nunca quedó restablecido, y siempre diluyó el espíritu griego, y sólo terminó cuando éste, superándose a sí mismo, floreció en el cristianismo.

Ahora bien, cuando la religión griega llegó a Roma, llevó allí precisamente lo que había sido el origen de esta disensión: el antropomorfismo, que la tosquedad romana hizo aún más material. Y cuando, más tarde, la filosofía griega llegó a su vez a Roma, encontró allí una religión que presentaba, exageradas, las mismas características que había criticado en la religión griega: volvió a encontrar ante sí el antropomorfismo. Y de nuevo estalló la disensión; la filosofía griega, en lugar de contribuir positivamente a la nueva religión antropomórfica grecorromana, se convirtió, explícita o implícitamente, en una fuerza demoledora: y Séneca repitió los ataques de Jenófanes. ¡Singular destino! La filosofía griega, y especialmente el estoicismo, habría encontrado en Roma, en la antigua religión, su verdadera religión, lo que el propio Aristóteles no habría desdeñado, pues su dios es una energía abstracta muy similar a los antiguos dioses romanos, si antes de su llegada los propios romanos no hubieran destruido su religión primitiva, abriendo la puerta al antropomorfismo griego.

Así pues, por una singular fatalidad, debida en última instancia a la incapacidad de los romanos para crear su propia filosofía, el viejo desacuerdo griego se renovó en el espíritu romano, es decir, se renovó el desacuerdo entre filosofía y religión, y una vez más la filosofía, en lugar de encontrar un aliado en la religión, encontró un enemigo, porque los postulados filosóficos eran contrarios, explícitamente o no, a los postulados religiosos.

Una situación similar se produjo cuando el catolicismo se encontró con el idealismo. Fue entonces cuando el dualismo y el trascendentalismo postulados por el catolicismo no pudieron conciliarse con el monismo y el inmanentismo del idealismo, y se generó una escisión que el modernismo se esfuerza en vano por sanar.

IV

1 El ritualismo subordinó la religión Romana a la tradición.

UNA RELIGIÓN QUE SE AGOTA EN EL RITUAL tiende espontáneamente hacia la autoridad. No hay experiencia religiosa que alcanzar, sino sólo una acción predeterminada que realizar, es evidente que esta acción no puede tener ningún contenido sagrado cuando se deja al libre arbitrio del individuo, sino que, por el contrario, recibe su carácter ritual precisamente de la tradición. La tradición, o la historia si se quiere, se convierte así en la reguladora de la experiencia religiosa. Así, la religión romana fue siempre, desde su origen, una religión de autoridad.

La primera autoridad fue la familia.

Si la religión se agota en el rito, es perfectamente lógico que el *paterfamilias*, como conocedor, custodio y guardián de la tradición, sea también el único autorizado para ejercerla: y los romanos siempre tuvieron este concepto. El esclavo no tenía ninguna capacidad religiosa precisamente como tampoco la tenía en el terreno civil, y por tanto no tenía derecho a hacer sacrificios: el campesino —dice Columela

Con este criterio, que, dado el punto de vista romano, es muy justo, se puede explicar fácilmente esa cosa singular que son los *sacra gentilicia*, es decir, la existencia de ciertas *religiones*, o sea, ritos o liturgias, que son propiedad y patrimonio de una *gens*. Aceptar un *sacra gentilicium* era absolutamente lo mismo que convertirse en miembro de una *gens*. Del mismo modo que participar en la religión familiar equivalía a ser miembro de una familia: *in sacra venire* o *in sacra transire*[301] significaba adquirir pertenencia a una *gens*.

La *gens* conservaba y traía consigo su *sacra*: así, por ejemplo: la *gens* Aurelia, llegada a Roma desde Sabina, trajo consigo, según parece, el culto al Sol y recibió del Senado un lugar para este culto; los Potitii y los Pinarii tenían originalmente el culto exclusivo a Hércules en el Ara maxima; los Fabii y Quintilii tenían una participación especial en la Lupercalia; el culto a Juno Lanuvina estaba especializado en las familias de los Roscii, Papii, Procilii y Thorii; el de los Dioscuros en los Fonteii; el de Feronia en los Petronii, Turipiiani, etc. A veces en ciertos linajes existía la tradición de un determinado ritualismo: por ejemplo, la *sacra* de la *gens* Claudia prescribía que se debía sacrificar con la cabeza descubierta. Y los *sacra gentilicia* debían de ser muy numerosos si se objetaba la propuesta de Canuleio *De conubio patrum et plebis*, porque, al nacer, uno no habría sabido cuál era su estirpe y su religión[302].

De la exigencia de la *sacra gentilicia* derivó la detestatio *sacrorum*, término que no está perfectamente claro y que significa o bien el acto por el que uno legaba la sacra mediante testamento, o bien el acto por el que uno, adoptado, asumía la nueva sacra renunciando a las propias; y también derivó la alienatio *sacrorum*, otro término oscuro que parece denotar una forma legal de librarse de la obligación de la *sacra*: ¡como si existiera un acto jurídico por el que uno pudiera realmente deshacerse de su religión! Otra consecuencia lógica era la obligación de los miembros de una *gens* de participar en la *sacra*: y esta obligación era estricta e imperiosa, y no estaba permitido por ninguna razón seria eludirla: la tradición cuenta que los Fabii abandonaron el castillo de Cremera para ir a Roma a celebrar un

---

[301] CIC. *De domo* 36, VAL. M. VII 7, 2.
[302] LIV. XLII 5 s.

sacrum gentilicio[303]; que un tal Publio Licinio Craso se excusó para ir a la provincia con motivo de un aniversario sacrificial[304], y que un soldado llamado Sexto Oigicio abandonó el ejército y viajó desde Macedonia a Roma para un sacrificio gentilicio[305].

Las obligaciones religiosas estaban íntimamente ligadas a la *gens* y a la familia. Y, del mismo modo que estaban vinculadas a la *gens* y a la familia y reguladas por la tradición y la autoridad de la gens y la familia, necesariamente tenían que depender y estar reguladas por el Estado. Las relaciones entre religión y familia, religión y *gens*, religión y Estado, son absolutamente las mismas. Y, puesto que no hay religión fuera de la acción, es decir, fuera del culto, en última instancia no hay religión más allá de la institución que realiza el culto: para la famila no hay religión más allá del culto familiar, para la *gens* más allá del culto gentilicio, para el Estado más allá del culto estatal. No es el dios el que condiciona su relación con la sociedad, sino que es este el que, por el acto religioso, condiciona al dios. El *ius divinum* forma parte del *ius publicum*.

En cierto sentido, por tanto, no había dioses antes de que existiera el Estado romano. Mientras que los griegos bien podían admitir que los dioses existían antes de una *pólis* dada, y de hecho que una *pólis* dada debía su existencia a un dios dado, para el romano, sin embargo, no había dioses antes del Estado romano. Varrón se guiaba precisamente por esta idea cuando afirmaba en su libro que, sobre las Antiquitates, se había ocupado primero de las cosas humanas y después de las divinas porque primero están las ciudades y después las instituciones[306]; en otras palabras, porque la religión es instituida por los hombres y la divinidad no prescribe las instituciones humanas. A diferencia del griego, que amaba rodear el origen de su religión de mitos y leyendas, el romano, en cambio, amaba situar el origen de su religión en un personaje y en un momento de la historia: no

---

[303] Dio Cass. IX 19.
[304] Liv. XLI, 15.
[305] Liv. XLIII 11.
[306] Aug. *Civ. D.* VI 4: Varro propterea se prius de rebus humanis, de divinis autem postea scripsisse testatur, quod prius extiteriut civitates, deinde ab eis haec instituta sunt.

buscaba el origen de su religión en el cielo, porque sabía muy bien que había comenzado en la tierra[307], y precisamente con Numa; con él el Estado y la religión nacieron a la vez[308]. No es que el romano creyera realmente que los dioses romanos y Roma nacieron a la vez. Si le hubieran preguntado, seguramente habría respondido que los dioses existían antes que Roma. Pero la ausencia de todo pensamiento mítico le impedía concebir un dios fuera de su relación con el hombre, es decir, fuera de la historia humana. Por eso, de hecho, antes de Roma no había nada; el romano no podía decir lo que había, si había dioses o no; por eso hablaba con razón de dioses romanos. Y con igual razón hablaba de dioses vulcanos o sabinos, e imaginaba que, como los dioses de Roma, incluso estos estaban condicionados por la existencia del Estado respectivo y formaban parte integrante de él, hasta el punto de que se podía inducir a un dios a abandonar su ciudad y trasladarse a la de otro dios; y los romanos estaban tan persuadidos de esta posibilidad, que mantuvieron oculto el nombre del dios que protegía Roma para que el enemigo no pudiera persuadirlo de abandonar la ciudad[309]. Y una excelente arma de guerra era persuadir al dios del enemigo para que la abandonara; de hecho, no se podía tomar la ciudad a menos que se persuadiera al dios que la protegía para que la abandonara: no bastaba con que el dios romano protegiera a los romanos, pues no tenía poder fuera del Estado romano; había que persuadir a los dioses del enemigo para que lo abandonaran[310], pues si esto no se lograba y sus dioses también eran hechos prisioneros junto con la ciudad enemiga, esto no traería buena fortuna[311]; y esta invocación

---

[307]Liv. XXXIX, 15,2: hos esse deos quos colere venerari precarique *maiores vestri instituissent*.

[308]Cic. *Nat*. d. III 2,5: mihique ita persuasi Romulum auspielis Numam sacris constitutis fundamenta iecisse nostrae aetatis.

[309]Plin. *N. h.* XXXIII, 2: constatque ideo occultatum, in cuis tutela Roma esset, ne quid hostium simili modo agerent.

[310]Plin: *N. h.* 28,2: Verrius Flaccus auctores ponit, quibus credat, in oppugnationibus ante omnia solitum a Romanis sacerdotibus evocari deum, cuius in tutela id oppidum esset: promittique illi eundem aut amplioeum locum apud Romanos, cultumve.

[311]Macrob. III 9,2: Constat enim omnes urbes in alicuius dei esse tutela,

a los dioses enemigos para que abandonaran su ciudad para seguir a los romanos, es decir, la denominada *evocatio*, tenía una formulación propia que se consideraba irresistible, en la que con pedante precisión se expresaban los deseos a los dioses enemigos[312].

Los dioses de la ciudad conquistada pasaban a Roma junto con el territorio por la misma razón por la que, en derecho privado, los *sacra* estaban relacionados con el patrimonio. La *deditio* de una ciudad implicaba no sólo la renuncia a los derechos políticos y a la propiedad, sino también la cesión de todos los santuarios. Y los dioses estaban sujetos al destino político de sus ciudades: mientras se trataba de una ciudad federada, eran considerados extranjeros y libres, pero en cuanto su ciudad recibía la ciudadanía romana, su culto caía bajo la jurisdicción de los pontífices. Así surgieron Juno Regina de Veyes, Hércules de Tibur, Vortumnus de Volsinii, Fortuna de Preneste, Venus de Ardea, los Dioscuros de Túsculo, Minerva de Falerii; no porque los romanos sintieran la necesidad de nuevos dioses, sino porque la conquista, como tal, implicaba la aceptación de los dioses inherentes al territorio conquistado. Para que la religión antigua de Roma se mantuviera libre de introducciones extranjeras, los romanos habrían tenido que renunciar a toda conquista, porque para su mentalidad les resultaba completamente imposible conquistar un territorio sin los dioses relacionados: que conquistaran Veyes, por ejemplo, sin incorporar a los dioses veianos a la religión estatal, era como conquistar Veyes sin incorporar el suelo veiente al territorio romano. La fórmula de la *deditio* romana

---

moremque Romanorum arcanum et multis ignotum fuisse ut, cum obsiderent urbem hostium eamque iam capi posse considerarent, certo carmine evocarent tutelares deos, quod aut aliter urbem capi posse non crederent, aut etiam si posset, nefas existimarent deos habere captivos.

[312] MACROB. III 9,7: Est autem carmen huiusmodi, quo di evocantur, quum oppugnatione civitas cingitur: Si deus si dea est, cui populus civitasque Carghaginiensis est in tutela, teque maxime, ille qui urbis buius populique tutelam recepisti, precor venerorque, veniamque a vobis peto, ut vos populum civitatemque Carthaginiensem deseratis, loca templa sacra urbemque eorum relinquatis absque his abeatis, eique populo civitati metum formidinem oblivionem iniciatis proditique Romam ad me meosque veniatis nostraque vobis loca templa sacra urbs acceptior probatiorque sit.

enumeraba para ello, junto a la ciudad, a los campos, al agua, a las fronteras y los templos[313]. Se podía dejar al enemigo vencido su religión —precisamente como el agua y los campos— sólo en el caso de que entrara con el vencedor en la relación de federado; pero si realmente era vencido, el imperio no podía ejercerse sobre los bienes, sino después de la cesión de todo lo humano, no solamente, sino también de lo divino[314]. Así se expandió la religión romana mediante la conquista, lo que pareció especialmente monstruoso a la conciencia cristiana[315]. Y verdaderamente monstruoso es este culto a una divinidad extranjera después de haber saqueado y destruido la ciudad de la que se suponía que era la protectora, y ver en el incendio y el saqueo la prueba de que había dado la espalda a sus protegidos y se había pasado al enemigo. Los israelitas también consideraban el saqueo y la matanza de amalecitas y amonitas como un signo de la protección de Yahvé, pero nunca invocaban a las divinidades enemigas en su propia ayuda o en detrimento del enemigo.

El relato de Livio sobre la toma de Veyes y el transporte de Juno Regina a Roma arroja plena luz sobre esta mentalidad bárbara. El cónsul Camilo pronuncia antes del asalto la *evocatio*, y parece que fue la primera de este tipo. Invita a Apolo Pitio a venir a destruir Veyes y le promete la décima parte del botín; y luego se dirige a Juno Regina: «Juno Regina, que actualmente habitas Veyes, te ruego que nos sigas, después de la victoria, a la ciudad que es nuestra y pronto

---

[313]Liv. I 28,2: deditisue vos populumque Conlatinum urbem agros aquam terminos delubra utensilia divina humanque omnia in meum populique dicionem ? Polyb. XXXVI, 2: οἱ γὰρ διδόντες αὑτοὺς εἰς τὴν Ῥωμαίων ἐπιτροπὴν διδόασι πρῶτον μὲν χώραν τὴν ὑπάρχουσαν αὐτοῖς καὶ πόλεις τὰς ἐν ταύτῃ, σὺν δὲ τούτοις ἄνδρας καὶ γυναῖκας τοὺς ὑπάρχοντας ἐν τῇ χώρᾳ καὶ ταῖς πόλεσιν ἅπαντας, ὁμοίως ποταμοὺς, λιμένας, ἱερά, τάφους.

[314]Liv. XX, 34, 7: mos vetustus erat Romanis cum quo nec foedere nec aequis legibus iungerentur amicitia, non prius imperio in eum tamquam pacatum uti quam omnia divina humanaque dedisset.

[315]Tert. Ad nat. II, 17: Tot sacrilegia Romanorum quot tropaea, tot dein de deis quot de gentibus triumphi. Prud. *C. Symm.* II 343 s.: Innumeros deinde deos virtute subaetis | urbibus ex claris peperit sibi Roma triumphis. | Inter fumantes templorum armata ruinas, | dextera victoris simulacra hostilia cepit | et captiva domum venerans ceu numina vexit.

será tuya, donde te acogerá un templo digno de tu grandeza»[316]. El túnel desemboca directamente en el templo de Juno, a partir de ahí comienza la masacre, señal de que Juno protege a los romanos. Después de la masacre, el botín; que Camilo viendo por encima de toda esperanza, pronuncia la típica oración romana, diciendo que si los dioses tuvieran envidia de la fortuna romana, su enemistad se descargaría sobre él antes que sobre los romanos[317]. La matanza dura todo un día, seguida del mercado de prisioneros y el pillaje: vaciando así Veyes, pensaron en llevarse al dios, pero con la apariencia de quien lo honra más que de quien lo secuestra, por lo que enviaron a doce jóvenes elegidos entre todo el ejército que, purificados y vestidos de blanco, entraron en el templo para llevarse a la diosa, es decir, la estatua de Juno[318]. Así, más o menos, los dioses itálicos entraron en Roma: y en el colmo de la ironía algunos de ellos conservaban en sus apellidos el recuerdo de la conquista que les había llevado a Roma: Minerva tenía el epíteto Capta o Captiva, en recuerdo de haber sido hecha prisionera en el año 241 en la toma de Falerii; y bajo este nombre tenía un templo en el Celio. Una forma singular de honrar a una divinidad recordando haberla hecho prisionera.

Y así como los dioses entraban a menudo en Roma como prisioneros, con frecuencia se ofrecían a los dioses regalos que no eran más que objetos ofrecidos por otros pueblos a otros dioses traídos a Roma como botín de guerra. Así, Augusto dedicó a Apolo, en el templo del Palatino, un *licnuco* en forma de árbol del que pendían, a modo de frutos, las lámparas que Alejandro había consagrado en el templo de Apolo en Cumas. En el templo de Apolo en el Palatino había un Apolo, probablemente procedente del *Nemeseion* de

---

[316]LIV. V 21: Te simul, Iuno Regina, quae nunc Veios colis, precor ut nos victores in nostram tuamque mox futuram urbem sequare: ubi te, dignum amplitudine tua, templum accipiat.

[317]LIV. Ivi: PLUT. *Cam*, 5; VAL. MAX. I 5,2. La misma oración hace Pablo Emilio después de la victoria sobre Perseo VELL. I 10,4.

[318]LIV. Ivi: illa dies caede hostium ac direptione urbis opulentissima est consumpta. Postero die libera corpora sub corona vendidit quum iam humanae opes egestae a Veiis essent amoliri tum deum dona ipsosque deos, sed colentium magis quam rapientium modo, coepere.

Ramnunte, obra de Escopas; además, se encontraban allí una Leto de Cefisodoto, una Artemisa de Timoteo y numerosas estatuas de Melas, Micciades y Arquermo[319]. Al fin y al cabo, tres cuartas partes de las obras de arte que los romanos ofrecían a sus dioses eran parte del botín de guerra; y, a menudo, quienes realizaban la ofrenda no eran plenamente capaces de evaluar su valor y significado. Aquellas estatuas, que los griegos habían consagrado como ídolos y símbolos de su religión, eran ahora, convertidas en restos opacos, ofrecidas a dioses muy distintos de aquellos para los que habían sido esculpidas.

En este proceso mixto de barbarie y fanatismo los dioses itálicos entraron más o menos en Roma: Dioscuros de Tusculum. Hércules de Tibur, Juno de Lanuvium, Afrodita de Ardea. Fortuna de Preneste o Anzio, Vortumnus de Volsinii. Juno Quiritis y Minerva de Falerii. Toda la historia de la religión romana hasta la introducción de los dioses griegos —que es también, por otra parte, una consecuencia de la concepción estatal de la religión— es completamente inexplicable sin esta íntima conexión entre dios y territorio, o más bien entre religión y Estado.

Para el romano, por tanto, Estado e Iglesia, poder religioso y poder civil, coincidían; el Estado tenía derecho a regular la vida religiosa de sus ciudadanos, del mismo modo que regulaba la política. Por lo tanto, nadie podía tener una religión propia, nueva o extranjera, a menos que hubiera sido introducida por el Estado

La autoridad religiosa del Estado era, por tanto, absoluta: y a menudo se hacía sentir. Un ejemplo típico es la prohibición de las Bacanales del año 186 a.C., que, sin embargo, también se justifica como medida de orden público. Pero la expulsión de los astrólogos caldeos en el año 139 a.C. es ya un acto que coarta lo que podríamos llamar libertad religiosa; más grave es el caso de la prohibición hecha en el año 128 a.C., cuando el pueblo, fanatizado por una peste y una sequía, recurrió a nuevos ritos: entonces el Senado decretó que nadie podía adorar a otros dioses que no fueran los romanos, ni con otra costumbre que no fuera la romana[320]. Fue un

---

[319] PLIN. *N. h.* XXXIV, 14: XXXVI, 23; XXXVI, 24; XXXVI, 82; XXXVI, 5.
[320] LIV. IV, 30,9.

verdadero acto de inquisición cuando en el año 124 a.C. ordenó a todo aquel que conservara libros de profecías u oraciones para sacrificios entregarlos[321].

A veces la intervención del Estado en las conciencias para defender la religión del Estado tenía un carácter de verdadera crueldad: así, cuando, tras la batalla de Cannas, el Senado obligó a las madres, hijas y hermanas de los caídos a deponer el luto para vestirse de blanco y celebrar la fiesta de Ceres, ordenando también que todas, ceñidas de hiedra, con buen ánimo, la celebrasen con solemnidad[322]. Quien se represente vívidamente a esas miles de mujeres que, por orden del Senado, dejan el luto, se visten de blanco y, ahogando la angustia, celebran con alegría forzada a Ceres, comprenderá la omnipotencia del Senado en materia religiosa y entenderá por qué los romanos podían aceptar y adorar de inmediato a las divinidades más extrañas, sin siquiera conocer su nombre ni comprender su esencia, solo porque el Senado había decidido introducirlas en Roma y había ordenado honrarlas. Así ocurrió en el año 200 a. C., cuando, a raíz de un oráculo sibilino, un senadoconsulto dispuso la introducción en Roma de la *Magna Mater* y la piedra negra de Pessinunte fue transportada con gran pompa a la ciudad y colocada en el templo de la Victoria en el Palatino. Con ella penetró en Roma aquella religión desenfrenada, sensual y repugnante, con sus procesiones estruendosas de cuernos y tambores, con sus sacerdotes castrados adornados con joyas e imágenes, con sus cánticos incomprensibles, que debieron de parecer a los romanos una suerte de locura. O peor cuando en el año 399 a.C., de nuevo siguiendo los Libros Sibilinos, durante ocho días, seis marionetas que representaban a Apolo, Latona, Hércules, Diana y Mercurio fueron colocados en asientos en el foro y se dispuso comida delante de ellas, en una ceremonia que debió de parecer grotesca y demencial al romano; e incluso en las casas particulares se intentaba imitar aquella absurda ceremonia.

Considerando estos y otros ejemplos similares, uno capta la omnipotencia religiosa del Estado y comprende que sustituyó en

---

[321] Liv. V, XXI, 12.
[322] Dio Cass. XLVII, 18.

el verdadero sentido de la palabra a la religión del individuo, que permaneció absorto en ella, del mismo modo que la religión del siervo —al que no se le permitía rezar porque el amo rezaba por él— estaba absorto en la religión del amo, y la religión del señor fue absorbida por la de la *gens* y la de la *gens* por la religión del estado. El proceso por el que se introdujeron los dioses griegos es completamente incomprensible sin esta completa absorción de la religión individual en la religión del Estado; sólo así se puede explicar cómo el pueblo pudo aceptar la respuesta de los Libros Sibilinos, o, en otras palabras, cómo se atrevieron a hacer decir a los libros sibilinos que allí donde los antiguos y venerados dioses romanos habían fracasado en poner fin a una peste o a una hambruna, otros dioses, totalmente desconocidos, podían tener éxito, siempre que fueran introducidos en Roma.

En una religión así, el sacerdocio no podía ser más que un instrumento del Estado: y tal era, de hecho, el sacerdote romano. Excluida toda relación íntima y personal con la divinidad, no había lugar para una clase de personas que se erigían en mediadoras de esta relación y a las que, en consecuencia, convenía reconocer esa cualidad particular y, ante todo, una capacidad particular para interpretar la voluntad divina y entrar en relación con el dios. El tipo clásico del sacerdote o profeta como Calcas. Tiresias, Manto, etc., es desconocido en Roma, porque la relación entre el hombre y dios no requiere ni dones especiales ni un estado particular de éxtasis u obsesión a través del cual el dios se revela, ya que se trata de una serie de acciones que cada hombre es capaz de realizar, salvo que tenga conocimiento adecuado de ello. Y, en efecto, en los primeros tiempos no había sacerdote, siendo el *paterfamilias* el llamado por derecho natural a desempeñar los *sacra*. Más tarde, cuando se estableció un sacerdocio propiamente dicho, nunca tuvo un carácter sagrado como el sacerdocio griego, sino que siempre fue considerado como una clase de funcionarios del Estado: de hecho, los sacerdotes no debían considerarse, como en Grecia, pertenecientes a una divinidad determinada, sino también a un templo determinado; se presentaban ante el Estado, eran *sacerdotes publici P. R.*, es decir, funcionarios estatales encargados del *ius sacrum*.

Más intrusiva aún era la autoridad del Estado en materia de adivinación. Considerada como un medio para conocer el futuro, la adivinación no podía estar sujeta a ninguna vigilancia, al menos abierta y pública, por parte de ninguna autoridad. Pero en Roma la adivinación estuvo, desde los primeros tiempos, sujeta al Estado, no sólo porque el Estado no emprendía nada sin recurrir antes a la adivinación, sino porque sometió el ejercicio a su propio control. Esto parecería absurdo si, como hemos dicho, el uso de provocar auspicios antes de actuar no hubiera sido más una costumbre ritual que un verdadero medio de conocer el futuro. Y si, como hemos dicho, era lícito provocar artificialmente auspicios favorables, nada podía prohibir al Estado ejercer un control sobre la adivinación. Se trataba, en definitiva, de poner la vida del Estado en armonía con el rito, de no violar el rito, que exigía que nada fuera emprendido por el Estado sin auspicios favorables. El verdadero objetivo no era conocer el futuro, sino situar la vida del Estado sobre una base legal. Al fin y al cabo, los libros sibilinos también servían a la misma función: respondían a lo que el Estado quería que dijeran, pero a través de ellos se sancionaba la acción gubernamental.

2 La convirtió en una religión de autoridad

El carácter exclusivamente ritual de la religión romana le privó desde el principio de la posibilidad de convertirse en una religión de libertad y le dio el sello indeleble de la autoridad. En realidad, la libertad no puede expresarse en el rito: el rito implica tradición y, por tanto, autoridad. La libertad tiene su ámbito natural en el fuero interno de la conciencia, donde surgen y vibran las esperanzas y los impulsos de la fe, que nunca podrían someterse a ninguna norma externa; pero el rito, donde no es el dirigir, o el hablar espontáneo e improvisado de una fe individual, en cuyo caso es expresión pero aún no rito, requiere de una constitución y conservación de esquemas y fórmulas fijas, que adquieren su valor y eficacia ritual de la propia tradición. Esta diferencia esencial entre la experiencia religiosa, que no puede existir sin espontaneidad, y el rito, que no puede constituirse sin tradicionalidad, siempre se ha dejado sentir, pues las grandes convulsiones religiosas siempre han operado mucho más en el terreno de la experiencia que en el del rito: Lutero, por ejemplo, era un conservador en lo que a liturgia se refiere. El propio cristianismo heredó algunos elementos litúrgicos esenciales del paganismo, aunque era antitético a él en espíritu.

Ahora resulta evidente que en la concepción romana no existía en absoluto lo que llamamos libertad religiosa. Ciertamente, en Roma era lícito honrar en privado a dioses extranjeros, pero esto se consideraba ajeno al Estado, y el Estado siempre tenía derecho a intervenir: pero dentro de la órbita del Estado romano, es decir, de la religión reconocida y practicada por el Estado romano, no había libertad religiosa, es decir, sólo había libertad en la medida en que la religión romana no la perjudicaba. Esta es exactamente la posición de cualquier religión hoy en día. Por ejemplo: la Iglesia romana permite —o permitía en la época de la soberanía temporal de los papas— la existencia de otras religiones fuera del catolicismo, pero no permite dentro del propio catolicismo más que aquella libertad que es compatible con los principios del catolicismo.

La ausencia de libertad religiosa en Roma no debe entenderse en el sentido moderno de la palabra. La religión romana, como hemos dicho, no tenía ningún contenido teórico o metafísico, ningún complejo de doctrinas: por tanto, no tenía nada que fuera susceptible de discusión o interpretación diferente: era un conjunto de ritos bien definidos que, como tales, no podían ser objeto de discusión. Por lo tanto, no podía haber coacción de conciencia por parte de la religión romana y de quienes eran sus guardianes. Tampoco el romano tuvo nunca el menor atisbo de nada que pudiera calificarse de violación de conciencia. Por tanto, la doctrina acordada por los romanos en materia de fe era: que ser religioso era seguir o practicar la religión tradicional y que la superstición consistía en apartarse de ella[323].

---

[323] FEST. pág. 405: Religiosi dicuntur, qui faciendarum praetermittendarumque

Roma cautiva

En la historia de la religión romana está completamente ausente un elemento que en otras historias religiosas tiene una enorme importancia: la herejía, es decir, la crítica a la tradición, la revuelta contra la autoridad. La larga lucha que libraron los plebeyos por la conquista de los cargos religiosos terminó victoriosamente en el año 300 a.C. con la Ley Ogulnia, no tenía una finalidad religiosa, ni pretendía hacer tambalear el peso de la autoridad religiosa del patriciado, sino que tenía objetivos puramente políticos, es decir, limitar el poder religioso de los patricios a la par que el poder civil o militar. Y además, la oposición patricia a la conquista plebeya de los cargos religiosos no tenía contenido religioso y no sería justo compararla, por ejemplo, con la exclusión de los judíos de los cargos públicos en Alemania o Rusia. Los patricios, al defender su propio poder religioso, defendían, desde su punto de vista, la cohesión del Estado, y era inevitable que la plebe no tuviera ninguna participación en la religión, ya que no constituía un elemento del Estado. El Senado, por tanto, combatió las aspiraciones de los plebeyos a los cargos religiosos, pero nunca combatió sus opiniones religiosas. Y cuando tuvo que ejercer su autoridad en materia religiosa, por ejemplo, con el *senatus consultum De Bacchanalibus*, lo hizo tanto contra plebeyos como contra patricios. Esta concepción estatal de la religión fue la causa de la guerra emprendida contra ciertas religiones que no encajaban en el marco de la religión estatal, como el isiacismo y el cristianismo. Fueron combatidas, no porque parecieran contrarias a un conjunto de doctrinas tenidas por verdaderas, sino porque estaban fuera de la religión estatal. El concepto de verdad, que es el punto de partida de todas las persecuciones llevadas a cabo por las iglesias o los estados modernos contra las herejías, estaba completamente ausente de esta defensa de la religión del estado, que estaba motivada únicamente por razones políticas.

La ausencia de todo pensamiento herético era una inmensa debilidad espiritual de los romanos. No hay que olvidar que el dinamismo de una religión, es decir, su capacidad de evolucionar y propagarse,

---

rerum divinarum *secundum morem civitatis* dilectum habent, nec se superstitionibus implicant.

consiste en su capacidad de convertirse en herejía, es decir, de superar su propio patrón tradicional adaptándose a nuevas experiencias.

Esta capacidad herética es característica de todas las grandes religiones —de hecho, de todas las grandes ideas y especialmente del cristianismo— y que nunca falta en Grecia, donde es frecuente la protesta contra la religión estatal (piénsese en Teágenes, Jenófanes, Heráclito y Platón), estaba completamente ausente en Roma. El Estado perseguía a filósofos, judíos, magos y cristianos, pero como enemigos de la religión u orden del Estado, no como herejes; las persecuciones religiosas en Roma eran operaciones policiales y nada más. Roma no conoció ninguna herejía, ni grande ni pequeña, porque nunca conoció la necesidad irreprimible de la experiencia religiosa: y esta antipatía hacia la herejía, esta simpatía instintiva hacia la autoridad, ha permanecido como uno de los aspectos fundamentales del espíritu italiano.

3 Lo que provocó la rápida decadencia

El contenido ritual y estatal de la religión romana fue la causa de su rápida decadencia.

La coincidencia de la religión con el rito tiene como consecuencia vaciar a la religión de su contenido moral o filosófico y reducirla a una mera práctica, que consiste en repetir y transmitir el rito. Pero como esto no se apoya en ningún marco especulativo o teológico, al final debe perder su valor por la propia repetición. Una oración —por ejemplo, el *Padre nuestro*— puede repetirse infinitas veces sin que pierda su valor, siempre y cuando no se dé valor a esta recitación por sí misma, y siempre que la oración conserve su contenido espiritual. Cuando esto no sucede y cuando el rito absorbe el contenido espiritual, la religión se identifica con él, es decir, se convierte en práctica, en definitiva —hablando más propiamente— se convierte en magia.

Una vez que se ha producido esta transformación, ya no es necesario que el acto o el gesto tengan ningún significado; pueden ser incomprensibles sin perder por ello nada de su valor, que ahora no se basa en el contenido, sino en la ejecución mecánica y sacramental. Así pues, uno puede olvidar el significado exacto de una fórmula y seguir recitándola con toda la buena fe, seguir creyendo que es bueno hacerlo, porque ahora sólo lo formal tiene valor. Así se transforma poco a poco, ya nadie la entiende, pero no por ello es menos eficaz. El hombre se desinteresa entonces por completo del acto religioso, cuya eficacia ya no depende para nada de la voluntad de quien lo realiza, al igual que ocurre con un medicamento que actúa independientemente de la voluntad del enfermo. Así, el canto de los Hermanos Arvales se desligò rápidamente de la voluntad de quienes lo recitaban, y continuó repitiéndose sin siquiera ser comprendido.

Ahora bien, lo que puede suceder —según cuanto se ha dicho— con un solo acto ritual, le sucedió a toda la antigua religión romana. Por mucho que el romano estuviera sinceramente persuadido del valor del rito, la decadencia estaba implícita en el hecho mismo de que su religión se agotaba en el rito. Ya hemos visto lo escrupulosa y seria que era la religiosidad de los antiguos romanos. El respeto que sentían por los ritos ancestrales que les habían sido transmitidos y la seriedad con que los realizaban tienen algo que lo hace imponente. Por lo tanto, no fueron los creyentes los que traicionaron a la religión; fue más bien la religión la que se destruyó a sí misma, o más bien la que no pudo vivir mucho tiempo, porque no tenía en sí misma las condiciones necesarias para una larga vida. Nuestra experiencia cotidiana nos enseña que incluso la mejor de las religiones debe necesariamente decaer, cuando es objeto de agotamiento en el rito.

Una segunda causa de decadencia, que entra dentro de la primera, reside en la típica incapacidad de progresar inherente a las religiones ritualistas. Cuanto más ritualista es una religión, más tiende a ser estática. El rito implica repetición y tradición de gestos o palabras, y es naturalmente reacio a cualquier cambio, precisamente porque cualquier transformación destruye su esencia. En efecto, para que un gesto o un acto adquieran carácter ritual, no basta con que se realicen, sino que además deben *repetirse*; introducir un nuevo rito no es sólo sustituir un gesto por otro, sino *repetir* un gesto en lugar de otro. Por eso el rito es estático, no le gusta la novedad, prefiere las formas antiguas; en resumen, es conservador, tanto que a menudo impide que una religión evolucione. Así, un enorme obstáculo para la renovación del judaísmo y del cristianismo reside en el uso ritual del hebreo y del latín respectivamente. El rito tiene tal poder de permanencia que muy a menudo prolonga su existencia cuando su propia religión ha desaparecido: permanece tal cual, cambiando de contenido o significado. Así, muchos ritos paganos pasaron al cristianismo, cambiando de contenido pero permaneciendo inalterados.

Ahora se comprende cómo la religión romana, que confería al rito una parte casi exclusiva, tendía con fuerza irresistible hacia el inmovilismo, es decir, hacia la decadencia.

Una tercera causa de decadencia inherente a la religión ritualista reside en la inevitable degeneración del sacerdocio. Lo que puede —aparte de otras razones— impedir la decadencia del sacerdocio es un conjunto de doctrinas, de las que debe ser el propagador, tal vez incluso el maestro. Cuanto más acentúa una religión el ritual, tanto más, el sacerdocio decae fácilmente, reducido a la repetición de actos rituales, cuyo significado ignora muy a menudo, dada su antigüedad.

Ahora bien, lo que para nosotros representa el sacerdocio es el grado más bajo de conciencia religiosa, es decir, el ritualismo puro y simple, fue para el sacerdote romano una necesidad desde el principio. Tenía que ser ritualista por la sencilla razón de que la religión no exigía otra cosa que el cumplimiento exacto del rito.

La otra razón de la decadencia, como hemos dicho, fue la coincidencia de religión y política. En realidad el romano, como hemos visto, no concebía la religión separada de la política, es más, concebía, quizá no siempre dándose cuenta, la religión como un aspecto o parte de la política, precisamente como concebía el *ius divinum* como parte del *ius publicum*.

Ciertamente, la religión no puede prescindir de la política, tomando esta palabra en su sentido más amplio. Esto no puede afirmarse especialmente para la Antigüedad, que no concebía la religión como un hecho individual —para alcanzar este punto hay que llegar hasta la Reforma— tuvo que considerarla como un hecho colectivo y, por tanto, responsabilidad del Estado. De hecho —por no hablar, por ejemplo, de los faraones, que eran a la vez jefes de Estado y líderes religiosos, y permaneciendo en el mundo clásico— en Grecia, la religión siempre fue considerada un asunto de estado y siempre hubo una religión de estado. Sócrates lo demuestra suficientemente.

Pero en Grecia nunca hubo una identificación entre política y religión. Sólo que el Estado consideraba que la religión era un asunto de Estado e intervenía en los asuntos religiosos asumiendo la protección de esa religión que, de hecho, era la religión del Estado más o menos como lo era y lo sigue siendo en algunos Estados europeos. Pero para los griegos, la religión no *coincidía* con el Estado; sino que la *precedía*. Para los romanos, sin embargo, los dos se convirtieron en uno, la religión pasó a formar parte de la política. Y esto supuso un mal.

Porque no cabe duda de que entre la religión y la política existe una antítesis del mismo modo que entre el espíritu y la carne: la religión tiende a exigir lo absoluto, lo eterno y lo infinito; la política considera lo relativo, lo contingente y lo finito. Vemos a lo largo de la historia, y especialmente en la historia moderna, que una religión parece tanto más acorde con el concepto que tenemos de religión cuanto menos íntimos son sus vínculos con la política. Comparemos, por ejemplo, la historia del catolicismo con la del protestantismo, y dentro del protestantismo compárese el luteranismo, el metodismo o el bautismo.

La religión romana, más que ninguna otra religión antigua, estaba sometida al dominio de la política o, en otras palabras, de lo contingente y lo finito. Comenzó desde el principio como la religión de la familia, luego de la gens y más tarde del estado, es decir, de los organismos sociales contingentes; y fuera de éstos no tuvo, ni quiso tener, ningún otro fin.

Creciendo junto con la política, la religión romana sufrió y aceptó todas sus fortunas. Al fin y al cabo, su propia evolución estaba, como hemos visto, determinada por las necesidades políticas. Pero en un punto en particular su unión con la política le resultó fatal: en el sacerdocio. Era inevitable que los sacerdotes se vieran arrastrados a la política y que se encendieran feroces batallas políticas en torno al nombramiento de los sacerdotes más importantes. Esto ocurrió no porque el sacerdocio romano estuviera más desestructurado que en otros lugares —pues no tenemos motivos para suponerlo— sino porque el carácter político de la religión la arrastró inevitablemente al vórtice de la política.

La conquista hecha por los plebeyos de los tres grandes colegios sacerdotales —los pontífices, los decemviri sacris faciundis y los augures— mediante las Leyes Licinia y Ogulnia, fue una conquista puramente política; y cuando con la Ley Domiciana el nombramiento de los tres grandes sacerdotes pasó al pueblo, la importancia política de la religión creció aún más. En realidad, desde el punto de vista religioso, el sacerdocio no interesaba a nadie: servía de ocasión o pretexto para batallas y victorias políticas, igual que el nombramiento de papas en la Edad Media. Y, precisamente como en la Edad Media, no siempre se elegía a los mejores.

La injerencia de la política en el sacerdocio condujo inevitablemente a la decadencia y desaparición de ciertas formas de sacerdocio, como el flamen Dialis, los Fratres Arvales y los Sodales Titii, que, al carecer de importancia política, eran poco codiciados, y representaban de la manera más verdadera y viva el auténtico sacerdocio antiguo.

Por todas estas razones, la religión romana estaba, por así decirlo, condenada a la decadencia desde su nacimiento. Su propia esencia era la causa de la ruina.

Y, en efecto, nunca hubo decadencia religiosa como la ofrecida por Roma.

En tiempos de Varrón, poca gente conocía los nombres de las divinidades antiguas como Falacer, Turrina o Veiovis: Ovidio[324] declara que no comprende la esencia de Jano y pone en boca del propio dios dos conjeturas sobre su origen[325], haciendo que se ría de sus propios apellidos, que al poeta le parecen extraños y cómicos, cuando deberían haberle resultado tan claros como a nosotros[326]; e

---

[324] *Fast.* I 89.
[325] *Ivi* I 103, 115-127.
[326] *Fast.* I 319-30: Nomina ridebis: modo namque Patulcius idem et modo

invita también al lector que sienta curiosidad por los ritos antiguos a asistir a algunas oraciones para escuchar los nombres de dioses desconocidos, como Porrina y Postverta.

Varrón emprende su gran obra religiosa precisamente para salvar la antigua religión romana de la ruina total[327], pero debe distinguir los dioses, cuyos nombres y atributos conocía, de los que no podía identificar, a pesar de la inmensa doctrina disponible y de la ayuda de los libros pontificios. Para ello crea dos categorías: los dioses ciertos y los dioses inciertos. Esta ignorancia no se limitaba a lo que llamaríamos los laicos; la clase sacerdotal no era menos ignorante respecto a la antigua religión. Los augures de la época de Cicerón no conocían los auspicios[328], y se habían producido tales cambios y confusiones en el calendario sagrado que había llegado a ser imposible ofrecer las primicias en los días señalados[329].

El propio pueblo romano era indiferente a la religión. El mobiliario sagrado era robado, los terrenos sagrados eran ocupados por particulares, los templos quedaban muy a menudo reducidos a ruinas[330]; de modo que una de las mayores preocupaciones de Augusto fue precisamente restaurar y reconstruir los templos, de los cuales 82 fueron restaurados por él en su estado original.

El espectáculo que ofrecen a la imaginación estos testimonios es único. En ninguna otra historia religiosa se asiste a un hundimiento tan rápido de la religión que antaño había constituido la columna vertebral de un gran pueblo. Estos augures que no comprenden los auspicios, estos sacerdotes que no se preocupan del calendario, este pueblo que ha olvidado hasta el nombre de sus dioses primitivos, estos magistrados que dejan caer los templos en la ruina, todo da la

---

sacrifico Clusius ore vocor.
[327] Aug. *Civ. D.* VI 2: (Varro dicit) se timere en pereant (dei) non incursu hostili sed civium neglegentia de qua illos velut ruina liberarsi a sedicit.
[328] Cic. *Div.* 115,25: Auspicia quae quidem nunc a Romanis auguribus ignorantur. Cfr. Cic. *Leg.* II 13, 133.
[329] Cic. *Leg.* II 29.
[330] Hor. *Od.* III 6,13: Delicta maiorum immeritus lues | Romane, donec templa refeceris | aedesque labentes deorum et | foeda nigro simulacra fumo. Cfr. Ovid. *Fast.* II 57 s. Prop. II 6,35.

impresión de una decadencia casi única en la historia, excepto quizá en ciertas épocas bajas del cristianismo. Una profunda decadencia religiosa se produjo también en Grecia desde finales del siglo V a.C.; pero, por grande que fuera, nunca hubo un griego mediocremente educado para quien los antiguos dioses griegos fueran desconocidos, y menos aún que en medio de Atenas o Tebas se dejaran caer en la ruina los templos de los dioses, sin reconstruirlos.

4 Y triunfó en la reforma augustea

Con estas premisas, es muy fácil comprender las razones de la reforma augustea.

Esta reforma, que influyó definitivamente en la religión romana, se juzga generalmente como un acto de política calculada y escéptica, fruto de una gran previsión mezclada con un gran cinismo. Y a primera vista, tal juicio parece el más justo, hasta el punto de que la reforma augustea, para quienes la juzgan superficialmente, parece ajena, cuando no realmente contraria, a la evolución religiosa del pueblo romano; pues la helenización progresiva de la religión debería haber conducido a todo menos a una restauración de los cultos antiguos, que hacía tiempo que habían caído en desuso. Precisamente fue gracias a la helenización por lo que habían caído en desuso. De hecho, la restauración augustea está en aparente contradicción con la historia, del mismo modo que lo habría estado la Reforma luterana, si en lugar de conducir al protestantismo hubiera conducido a cualquier forma de catolicismo.

Por otra razón, se tiende a juzgar mal la obra religiosa de Augusto. La época de Augusto marca, especialmente en el arte, el triunfo de lo griego: Ovidio, Horacio, Propercio, Tibulo, Vergilio, son tantas piedras angulares en el camino triunfal del arte griego en Roma. Y considerando la llamada época augustea en su conjunto, uno no puede sino pensar que quien fue el centro de esa época y le dio su nombre, debió de sentir una irresistible simpatía por la civilización griega; pues de otro modo no habría sido el mecenas de los poetas cuya mayor gloria fue, finalmente, haber introducido en Roma los espíritus y las formas del arte griego. Ahora bien, cuando este mecenas del helenismo demuestra en su reforma religiosa que tiene en la más alta estima los aspectos más toscos, anticuados y no griegos de la antigua religión romana, no cabe sino pensar que su reforma fue producto del cálculo y no la expresión de un sentimiento.

Nada más falso. Un poco de reflexión permite darse cuenta de que una reforma tan vasta y duradera no puede dejar de responder a necesidades históricas profundas. Es decir, no puede sino ser —históricamente hablando— sincera y verdadera.

Para penetrar en este contenido íntimo de la reforma de Augusto, también es necesario conocer a la persona de Augusto; ello arrojará mucha luz sobre la obra por él querida.

Como aparece en Suetonio, Augusto era lo que hoy se llamaría un conservador de estilo antiguo, íntegro y rígido. A pesar de que el arte y la cultura general de la época que tomó su nombre, favorecida en todos los sentidos por él, marcaban el apogeo de la influencia griega, Augusto había permanecido en lo más íntimo de su ser completamente ajeno a cualquier influencia moderna, como si toda la cultura griega que le rodeaba, y que él conocía bastante bien, no le hubiera influido en lo más mínimo. Ciertamente la amaba y la estudiaba, pero en lo más íntimo de su ser estaba lejos de ella y, en cambio, se sentía atraído por la vieja y olvidada civilización romana. En definitiva, se debatía entre la cultura griega que le presionaba y el alma romana que miraba con nostalgia al pasado. Era la misma situación de Varrón que, aunque seguidor del estoicismo, había escrito una obra que defendía la antigua religión romana del olvido total: y ésta debió de ser la postura de muchos romanos cultos de la época republicana, fascinados por la nueva cultura griega y que, al mismo tiempo, no podían renunciar a su antigua civilización.

Así pues, Augusto, a pesar de todo, era un conservador, de hecho un conservador, no sólo en el terreno de la religión sino en todo. En sus reformas militares recuperó ciertas costumbres antiguas[331]; trató de introducir costumbres de otros tiempos en el vestuario[332]; nunca

---

[331] SVET. *Oct.* 24: in re militari ad antiquem morum nonnulla revocavit.
[332] *Ivi* 401: etiam habitum vestitumque pristinum reducere studuit.

usó ropa que no fuera tejida por las mujeres de casa[333]; abolió la costumbre de que las mujeres asistieran a los combates de gladiadores junto con los hombres, las relegó a un lugar en la parte superior del anfiteatro y les prohibió asistir a las competiciones atléticas; separó a los soldados del pueblo y a los plebeyos de los pretestati[334]; y ordenó que las mujeres no acudieran al teatro antes de la hora quinta[335], y encargó a los ediles que se aseguraran de que quienes permanecieran en el foro o en el circo se quitaran las *lacernae* y se quedaran en toga[336].

Desde el punto de vista religioso, era un romano de tiempos antiguos, es decir, un creyente en los auspicios hasta el punto de que consideraba un mal augurio si cambiaba su calzado por la mañana o lo llevaba mal puesto[337], bueno si, por el contrario, en el momento de emprender un viaje por tierra o mar el rocío caía[338]. Creía, como buen romano, en los presagios; se alegraba cuando un alcornoque, en Capri, pareció florecer de nuevo a su llegada[339]. Despreciaba las ceremonias extranjeras y practicaba con sumo respeto las ancestrales y prescritas[340]; ordenó que todos los libros de oráculos y profecías que circulaban por Roma, en griego o latín, —aparte de los libros sibilinos— fueran entregados, e hizo quemar dos mil[341].

Un temperamento de este tipo, que debía ser de todo menos excepcional en su época, podía aceptar y, por el bien de su causa, estudiar la cultura griega, pero nunca sancionar su triunfo decretando la muerte de la antigua religión romana mediante una reforma. La

---

[333] *Ivi* 73: Veste non temere alia quam domestica usus est, ab uxore et sorore et filia neptibusque confecta.

[334] *Ivi* 44.

[335] *Ivi* 40.

[336] *Ivi* 40.

[337] *Ivi* 92.

[338] *Ivi* 92.

[339] *Ivi* 92.

[340] *Ivi* 95: Peregrinarum cerimoniarum, sicut veteres ac praeceptas reverentissime coluit, ita ceteras contemptui habuit.

[341] *Ivi* 24: Quidquid fatidicorum librorum graeci latiniuqe generis, nullis vel parum idoneis auctoribus vulgo ferebatur supra duo millia contracta undique cremavit, ac solos retiunit sibyllinos.

única reforma que Augusto podía hacer fue, precisamente, la que llevó a cabo.

Por tanto, su labor como reformador consistió en restaurar lo antiguo. Siguió la línea trazada por César, que como jefe del Estado era un conservador en materia religiosa, como demuestra el hecho de que Granio Flaco le dedicara su libro *De indigitamentis* y Varrón su *Antiquitates rerum divinarum*.

Augusto no introdujo nada nuevo: sólo revivió ritos y costumbres que habían caído en el olvido; nada, o casi nada, reformó de lo que existía en el presente, pero junto a ello revivió el pasado que ya no existía. Se reconstruyeron templos que habían caído en la ruina: como momias que resucitan, volvieron los antiguos sacerdocios, de los que ya nadie se acordaba, los Sodales Titii, los Fratres Arvales y los Flamen Dialis que hacía 76 años que no se veían, los Fetiales que ya llevaban cien años muertos. Se volvieron a escuchar los viejos cantos fúnebres, como el de los Hermanos Arvales, que nadie entendía, se volvieron a ver las viejas ceremonias augurales en las que ya nadie creía; en el año 32 a.C., se le vio declarar la guerra a Cleopatra según el rito de los Feciales lanzando su bastón al territorio simbólico del enemigo. El viejo mundo fanático y mágico de la época de las guerras samnitas y púnicas volvió a la vida.

Nada tocó Augusto, sin embargo, de lo que la influencia griega había introducido en la religión romana. Estaba muy lejos de Catón, que habría destruido, si hubiera podido, todas las estatuas griegas traídas a Roma; de hecho, la época de Augusto marca el establecimiento mismo de la estatuaria romana. Tampoco trajo dioses antiguos romanos: ¡nada de eso! En el año 28 a.C. erigió un templo a aquel dios al que creía deber la victoria de Accio, y en este templo colocó, retirándolos del templo de Júpiter Capitolino, aquellos Libros Sibilinos que siguieron siendo el resorte secreto de la religión del Estado. Pues bien, ese dios era el más griego de los dioses romanos: era Apolo.

Existe, entonces, una aparente contradicción interna en esta reforma, que por un lado restablece todos los ritos más antiguos de la antigua religión, pero por otro no invoca a ningún dios de esa religión, y glorifica al dios tipo de la religión contraria.

Esta contradicción se explica fácilmente por el carácter íntimo de la reforma augustea. Fue, por decirlo simplemente, una reforma ritual y no teológica. Como verdadero romano, Augusto no tenía sensibilidad para los problemas teológicos. En este asunto era idéntico a todos los demás romanos, para quienes un dios u otro era totalmente indiferente, y que de repente pasaban de adorar a uno a adorar al otro.

Ni siquiera queriéndolo, él habría podido emprender una reforma teológica. Roma carecía completamente de cualquier conjunto de doctrinas teológicas, no tenía teogonías en las que basarse, ni siquiera una literatura con contenido teológico, como los poemas órficos o los de Homero o Hesíodo. Nadie podía decir con certeza qué dioses formaban realmente el núcleo primitivo de la religión romana, porque este núcleo se había ido ampliando desde el mismo inicio de la verdadera historia de Roma. La religión romana era siempre y en todo momento auténticamente romana, siempre que tuviera la sanción del Estado; eran dioses romanos, en el sentido político de la palabra, tanto el antiquísimo Jano como Isis, una vez que en el año 43 a.C. su culto fue incorporado entre los *sacra publica* del pueblo romano. Por esta razón, una selección teológica —dejando de lado su utilidad— era legal e históricamente imposible.

Ni siquiera Augusto intentó en modo alguno defender la religión de las doctrinas ateas y materialistas que llegaron con el estoicismo y el epicureísmo: Augusto es quizá el único reformador religioso que restauró una religión en su tradición sin necesidad de definir la ortodoxia y la herejía.

Conviene recordar aquí, a título comparativo, la reforma religiosa preconizada por Platón en el libro X de las *Leyes*.

Las Leyes que propone van dirigidas contra quienes niegan la existencia de los dioses, afirmada por los mitos conservados por la tradición[342], dividiendo a los herejes que la ley puede combatir en tres categorías: 1ª los que piensan que los dioses no existen, 2ª los que piensan que los dioses no se preocupan del mundo y de los

---

[342]Plat. *Legg.* X 887 C. s.

hombres, 3ª los que creen que pueden sobornarlos con regalos y sacrificios[343]. Contra ellos, Platón aboga por una inquisición estatal verdaderamente severa, que incluya el encarcelamiento perpetuo y la pena de muerte.

Nada de esto se encuentra en la reforma de Augusto, que no pensó en absoluto en la necesidad de reconducir la religión a la ortodoxia, aunque entre los romanos había muchos que negaban la existencia de dioses o que se preocuparan por el mundo.

Augusto no pretendió librar a la religión romana de todo lo que no se remontaba a sus orígenes, es decir, reformarla teológicamente; la aceptó en bloque tal como era en el momento de la reforma. De hecho, restauró todos los templos en ruinas sin distinguir un dios de otro; Livio[344] le llama «*templorum omnium conditor ac restitutor*», y Suetonio[345] dice que restauró templos en ruinas o quemados, sin dar a entender que se dieran preferencias; y el *Monumento de Ancira* deja claro que Augusto mandó restaurar todos los templos de Roma que lo necesitaban[346]. Además, el propio número de templos restaurados sólo en Roma, según el monumento de Ancira —es decir, 82— excluye la posibilidad de preferencias.

De modo que la reforma de Augusto no tenía la menor intención moral o teológica, y sólo se refería al rito y al culto. Y para estos dos puntos no hizo más que atenerse a la tradición, volviendo a la religión antigua y restaurando los sacerdocios. Y con ellos volvió a poner en uso los antiguos ritos: el de la declaración de guerra de los Feciales, la fiesta de las Lupercales, la restauración de los Compitalia, el *Augurium salutis* y el culto a Vesta.

La reforma de Augusto estaba, entonces, perfectamente en consonancia con el espíritu romano. La restauración de una religión ritualista no podía tener otro contenido y finalidad que el rito y el culto; no se trataba de revivir la «verdadera religión» —como hicieron los reformadores y como habría hecho Platón— sino de

---

[343] PLAT. *Legg.* X 907.
[344] LIV. IV 20,7.
[345] SVET. *Aug.*
[346] 11, 3: Δύο καὶ ὀγδοήκοντα ναοὺς ἐν τῇ πόλει... ἐπεσκεύασα οὐδένα περιλιπὼν ὅς ἐν ἐκείνῳ τῷ χρόνῳ ἐπισκευῆς ἐδεῖτο..

restaurar el «verdadero rito», es decir, el rito tradicional por cuya pérdida Roma había perdido la «verdadera religión».

El espíritu de la reforma augustea está perfectamente expresado por los testimonios a los que nos hemos referido en otro lugar; por Cicerón que identifica religión con culto, por Festo que define como religioso a quien distingue lo que puede hacerse de lo que debe evitarse.

Y precisamente porque era puramente ritual, su reforma se re-enganchó —mejor aún, tuvo que reacomodarse— a las tradiciones religiosas más antiguas. A primera vista, se veían así sacerdotes tan antiguos como grotescos, como los Flamine Diale, los hermanos Arvali o los Feciales, impuestos de repente a un pueblo que los había olvidado por completo y ya ni siquiera los comprendía, ante lo cual no se puede evitar pensar que tales innovaciones fueron fruto del cálculo, y que tan cínicos fueron quienes las impusieron como quienes las sufrieron. Por otra parte, quienes se pongan en el punto de vista adecuado llegarán a la conclusión de que Augusto, precisamente al revivir estos viejos y olvidados ritos, demostró ser un refinadísimo conocedor de la psicología romana. Sobre todo comprendió cómo, por la esencia misma de la religión romana, sólo lo antiguo podía tener autoridad. El espíritu romano se parecía mucho al de los antiguos egipcios: lo antiguo les parecía, como tal, valioso. Augusto podría haber introducido un centenar de nuevos ritos o cultos razonablemente profundos, que ni remotamente hubieran tenido la fuerza de los torpes y antiguos ritos romanos.

Por esta misma razón no se debe condenar a Augusto porque entre los ritos y fórmulas que introdujo hubiera algunos que resultaran incomprensibles, ni se debe condenar a los romanos que tan dócilmente aceptaron estos ritos. La comprensibilidad del rito es una exigencia intelectualista del espíritu moderno, que los romanos nunca tuvieron: para ellos, el rito era *acción*, no *pensamiento*, y no necesitaba ser comprendido. Su única necesidad era que fuera «verdadero», es decir, antiguo, en armonía con la tradición. De ahí que fuera muy fácil para Augusto resucitar a los Hermanos Arvales y a los Feciales y Saliares: todos incomprensibles pero «verdaderos».

Y así, estas innovaciones, lejos de ser caducas, como lo serían hoy, fueron extraordinariamente duraderas, y se mantuvieron vivas hasta la posterior época imperial. Eran «verdaderas», porque tenían el sello de la historia y del Estado.

Por supuesto, la reforma de Augusto nunca fue considerada arbitraria por los romanos, sino un ejercicio justo y lógico de la autoridad por parte de quienes estaban legalmente investidos de ella: no hay que olvidar que Augusto ejerció su poder casi siempre no como persona privada, sino en la medida en que estaba investido del respectivo cargo.

Es obvio que podría haber introducido cualquier reforma y ejercido cualquier arbitrariedad incluso sin estar investido de ningún cargo; pero para el formalismo romano, esto también tenía su importancia. El romano aceptó la reforma augustea no —salvo en contados casos— porque la considerara razonable o necesaria, sino porque era obra de la autoridad; y la aceptó sin discutir ni quizá comprender su contenido. Aceptó las ahora incomprensibles ceremonias de los Hermanos Arvales, igual que había aceptado la no menos incomprensible *Magna Mater*, igual que el campesino aceptaba los ritos familiares. Se encontraba en la posición de un católico que venera con total indiferencia a tal o cual santo mientras la Iglesia se lo ordene, pero no piensa nada en el hecho de que el pontífice está ejerciendo una arbitrariedad al imponerle el culto de un santo que le es completamente desconocido.

Por tanto, el romano aceptó la reforma de Augusto y le pareció bien, como le pareció bien aceptar los nuevos cultos griegos, porque Augusto nunca le pidió que expusiera o pensara, sino sólo que practicara.

En este valor de la práctica reside lo que podríamos llamar el espíritu católico «de la reforma augustea». Quienes olvidan este punto de vista lo juzgan con espíritu protestante.

Vittorio Macchioro

5 Representa la culminación de la evolución religiosa del pueblo romano

La reforma augustea representa el punto de llegada, el desenlace natural de toda la historia religiosa romana; porque en ella triunfa el principio de autoridad, o lo que es lo mismo, la coincidencia de religión y política. Lo que siempre había sido la doctrina implícita de la religión y la política romana, elevada a los cielos por Cicerón[347], es decir, la coincidencia del poder político y religioso, vino a realizarse ahora de una manera mucho más precisa que en el pasado; pues durante la república esta coincidencia tenía lugar en el senado, que era un cuerpo, y ahora se implementaba en Augusto, que era una persona. Él fue pontífice, augur, quindecemviro *sacris faciundis*, septemviro, hermano arval, sodalis titii y fecial; en él se centralizaban todos los poderes estatales relacionados con la religión. El Estado, personificado en un hombre, se convirtió, en el verdadero sentido de la palabra, en el regulador de la religión.

Este es uno de los caminos por los que Augusto llegó a la que fue su verdadera y gran innovación: el culto al emperador. Entre sus diversas reformas, ésta fue sin duda la más vital, porque de ella partió ese culto imperial que en la decadencia religiosa universal será al menos una fuerza viva. Augusto levantó el templo al Divus Julius, y tras su muerte, él mismo tuvo su propio templo y sus propios sacerdotes, y a partir de aquí comenzó una nueva fase de la religión romana: el Genio del Emperador y los Divi Imperatores acabaron formando otro Olimpo, no mítico como aquel en el que ya nadie creía, sino real, que terminó sobresaliendo por encima de todos los demás dioses. Junto a los antiguos dioses, en las oraciones e invocaciones, aparecen ahora estos nuevos dioses que son los verdaderos protectores de Roma: y toda la práctica religiosa acaba siendo una continua demostración de lealtad.

Ciertamente, la concepción helenística de la apoteosis contribuyó

---

[347]Cic. *De Domo* 1,1: Cum multa divinitus, pontifices, a maioribus nostris inventa atque instituta sunt, tum nihil praeclarius quam quod eosdem et religionibus deorum immortalium et summae reipublicae praeesse voluerunt.

mucho al nuevo culto, pero esto no quita que encaje lógicamente en el proceso histórico romano. Representa el pleno despliegue del principio fundamental de la religión romana: el Estado que *hace* la religión. Ahora la verdadera divinidad, real y concreta, es el emperador, y de su persona, por un proceso mítico de nuevo tipo, emana casi una nueva religión. Así como una vez de la persona de Júpiter se desprendieron sus atributos en forma de nuevas divinidades, así ahora de la persona del emperador se desprenden, como nueva deidad, sus atributos: y tenemos la Justicia Augustea, la *Virtus* Augustea, la *Clementia* Augustea, la *Pietas* Augustea. Y el apellido Augusto, dado por primera vez a Octavio, se convierte en el predicado favorito de casi todas las divinidades, y tenemos *Iuppiter Augustus* o *Ianus Augustus*: en Pompeya los *Ministri Mercurii Maiae* de Pompeya, se convierten en *Ministri Augusti Mercurii Maiae* y finalmente *Ministri Augusti*[348].

6 Así como su forma religiosa definitiva

La reforma augustea dio a la religión romana su forma definitiva: fue lo que la Contrarreforma fue para el catolicismo. Después de Augusto, la religión romana ya no evolucionó, no es más que historia.

Para un observador superficial, la extraordinaria difusión de las religiones y divinidades orientales da la impresión de una profunda conmoción. Así es; pero esta conmoción no concierne a la religión *romana* como tal, como tampoco concierne al catolicismo, por ejemplo, al budismo o al espiritismo al que algunos católicos pueden haberse convertido. En realidad, la difusión de los cultos orientales durante el imperio fue un acontecimiento de una magnitud inmensa, sobre todo en lo que respecta al cristianismo, pero la religión romana no se vio afectada en absoluto: sólo perdió un gran número de fieles.

Formalmente, las religiones exóticas pasaron a formar parte de la religión romana en el año 212 d.C., cuando Caracalla concedió la ciudadanía romana a los peregrinos: entonces cesó la distinción

---

[348] Cic. X 885, 886, 887. Cfr. 888.

entre *sacra romani* y *sacra peregrini*, y Roma se convirtió realmente en *templum mundi totius*

La razón de esta inmensa resistencia residía en la conexión entre la religión y el Estado. Mientras existió este vínculo, la religión romana fue muy fuerte, porque estaba ligada al destino mismo de Roma. Roto este vínculo, cayó en la nada: y esto sucedió en el año 382 d.C., cuando Graciano rechazó el cargo de pontífice, asignó parte de las contribuciones que el Estado pagaba por las ceremonias religiosas al arca de los prefectos, quitó los emolumentos a las vírgenes vestales y a los sacerdotes, reclamó al erario los bienes que les correspondían por testamento y abolió el sufragio sacerdotal de los *munera*[349]. En ese año, la religión romana perdió su razón de ser, es decir, su coincidencia con la política. El *ius sacrum* dejó de formar parte del *ius publicum*. Y la religión romana se convirtió en un *sacrum peregrinum*, similar a las muchas religiones exóticas que había perseguido o tolerado en otros tiempos. Y su vida no fue más que una supervivencia.

---

[349] ZOSIM. IV 36.

Corolario

EL PRIMER SENTIMIENTO QUE INSPIRA la historia de la religión romana es el asombro ante la rapidez y facilidad con que los romanos aceptaron los dioses, los mitos y los ritos griegos. Nunca hubo otro pueblo que abandonara tan fácilmente su religión para volverse hacia otra diferente y antitética con una ausencia tan completa de todo drama interior. Los dioses griegos entraron en Roma y encontraron allí culto de la manera más sencilla, sin el menor rastro de guerra religiosa. Sí ocurrió alguna vez —como, por ejemplo, con la religión dionisíaca y la isíaca— que el Senado tuviera que oponerse a la excesiva facilidad con la que los romanos se entregaban a las nuevas religiones.

La transición de su religión a la de los griegos no costó ningún esfuerzo al romano; de hecho, ni siquiera se dio cuenta de lo que implicaba este pasaje. La antigua religión fue abandonada y olvidada sin sobresalto, pesar ni duda, como una cosa muerta. Esta facilidad es tanto más peculiar cuanto que el pueblo romano era naturalmente conservador y poco sensible a las novedades.

La razón de este rápido y simple abandono reside en la gradual demostración de impotencia por la que pasó la religión romana, gracias a la propia historia de Roma.

Como en el caso del individuo, grado a grado las experiencias de la vida se complican, cada vez más inadecuada a las nuevas necesidades, aparece la religión de su infancia, hasta que en un momento dado la siente muerta y la abandona sin remordimientos; así el romano, a medida que su historia se complicaba y agravaba, se daba cuenta cada vez más de la insuficiencia de su antigua religión. Hasta que un buen día desapareció de su conciencia.

Pero, ¿por qué la religión antigua le parecía insuficiente al romano? ¿Cuál era su verdadera debilidad?

No era el abstraccionismo. Encontramos en la historia otro ejemplo de pueblo guerrero obligado a crear su futuro con las armas, que tenía una concepción abstracta de la divinidad, me refiero a Israel. Sí, este pueblo tuvo caídas momentáneas, pero nunca se sintió tan profundamente decepcionado de su abstraccionismo que lo abandonara para aceptar completa y seriamente una religión idólatra. Por tanto, no es el abstraccionismo en sí mismo lo que constituye la inferioridad de una religión.

¿Qué es entonces?

Comparemos Israel con Roma. La diferencia radica en esto: que el judaísmo conectaba a la concepción abstracta de Dios un significado profundamente ético, mientras que esto faltaba en el romano. En otras palabras, mientras que en el judaísmo existía una clara concepción de que el moralismo abstracto era superior a la idolatría, y que aceptar ésta última era pecado, el romano, aunque tenía una concepción abstracta de la divinidad, no era consciente de que su abstraccionismo representara algo superior al antropomorfismo griego, ni pensó nunca que abandonarse a ella implicara una caída espiritual. Así pues, incluso entre los profetas y Catón existe esta enorme diferencia: mientras que el primero concebía la idolatría como un pecado hacia Dios, Catón se oponía a las imágenes porque según él no estaba permitido romper con la religión antigua.

Igualmente grande es la diferencia entre el «pacto» que unía a Israel con Yahvé y la concepción contractual que los romanos tenían de la relación con la divinidad. En la alianza judía con Yahvé había un contenido exclusivamente ético, la alianza romana con Dios tenía un contenido exclusivamente práctico. Servir a Dios, para Israel significaba cumplir sus mandamientos, para los romanos significaba cumplir el rito.

En otras palabras: no el abstraccionismo como tal, sino la ausencia de todo contenido ético fue la razón por la que su religión pareció insuficiente a los romanos. Tampoco era la idolatría como tal lo que subyugaba al espíritu, pues éste, pobre en necesidades estéticas, ciertamente no podía sentirse singularmente atraído por la imagen. Más bien, fue la religión griega, como tal, la que *transmitió* la idolatría a los romanos, que aceptaron a los dioses griegos, e *incluso* las imágenes de los dioses griegos.

Ahora se preguntará por qué la idolatría no produjo en Grecia la decadencia religiosa que llevó a Roma; por qué, en resumen, el veneno que Grecia llevó a Roma no envenenó primero a la propia Grecia. Pues los griegos nunca renunciaron a la idolatría y, sin embargo, no hay razón para pensar que la concepción antropomórfica de la divinidad fuera fatal para el espíritu griego. Tampoco se puede decir que la religión del Estado fuera más viva y plena en Grecia que en Roma. Decayó en Grecia no menos rápidamente que en Roma: en el siglo IV, la desconfianza hacia la religión del Estado no era menos fuerte en Grecia que en Roma durante las guerras púnicas, con la única diferencia de que -dadas las circunstancias políticas- este escepticismo se manifestaba de formas muy diferentes en Grecia, y Platón y Eurípides no podían expresar reproches menos graves hacia los dioses homéricos que los que Catón y Varrón expresaron contra la idolatría griega. Sin embargo, la conciencia religiosa griega no tuvo necesidad de buscar la salvación en otras religiones, siempre se mantuvo fiel a sí misma, a diferencia de la religión romana, cuya historia es básicamente una traición a sí misma.

¿Qué salvó al griego de los peligros inherentes a su propia religión? ¿Qué le permitió no enajenarse, seguir siendo griego?

El misticismo.

Fue el misticismo lo que, derivado de los estratos religiosos más profundos y antiguos de la conciencia religiosa griega, funcionó como un antídoto contra el intelectualismo y el ritualismo de la religión estatal, impregnando el pensamiento griego desde el principio, y creciendo y vigorizando a medida que la religión estatal se anquilosaba en su ritualismo, hasta desembocar en el cristianismo.

Así pues, en Grecia existían dos corrientes religiosas, la estatal y la individual, que corrían paralelas; y la historia religiosa griega consiste, en última instancia, en una victoria gradual de la religión individual sobre la estatal. El caso de Grecia tampoco es único: encontramos las mismas dos corrientes en la Edad Media bajo el disfraz de aristotelismo y platonismo, dominicanismo y franciscanismo, intelectualismo y misticismo; y la historia del cristianismo surge precisamente de la influencia alterna de estas dos corrientes. Y del mismo modo las encontramos en el judaísmo, donde se denominan sacerdotalismo y profetismo, en la India donde se llaman brahmanismo y jainismo y en China donde se llaman confucianismo y taoísmo.

Pero en la religión romana de las dos corrientes sólo encontramos la primera: la de la religión de Estado.

Nunca existió una mística romana autóctona, es decir, procedía -como el misticismo griego- de las capas profundas de la propia conciencia romana. El misticismo romano era todo importado, griego u oriental: pitagorismo, orfismo, isiacismo, mitraísmo, etc. Y el misticismo siempre fue objeto de desconfianza por parte del Estado, que lo consideraba discordante respecto al espíritu de la religión romana: quemó los libros pitagóricos atribuidos a Numa, prohibió los misterios dionisíacos y derribó cuatro veces los altares de Isis. Y la victoria del misticismo, que se hizo realidad en los siglos I y II del imperio, marcó el renacimiento pero también la muerte de la religión romana.

Ahora bien, la gran debilidad de la religión romana era precisamente la ausencia de todo contenido místico. Esta es la razón por la que tuvo que ceder la función soteriológica a la religión griega. Los conservadores y los restauradores, como Catón y Augusto, no sabían el gran error que estaban cometiendo al creer que la salvación de la religión romana no podía tener lugar fuera del Estado, sino *dentro* del Estado.

En última instancia, la caída de la religión romana tuvo su origen en el mismo error que cometería más tarde el catolicismo: la oposición a la religión individual.

Una vez suprimida la religión individual, el ritual pierde necesariamente todo contenido fuera de lo que la tradición le atribuye. El rito no puede ser algo vivo a menos que se reviva, es decir, que se convierta en expresión de un estado personal de conciencia. Naturalmente, con ello el rito tiende a desligarse más o menos de la tradición, que, por el contrario, exige para su propia conservación que se acepte tal como es, sin interpretaciones personales, con el objetivo, aunque sea involuntariamente, de modificarlo para que se ajuste más a la experiencia personal. Una vez suprimida la religión individual, el rito pierde todo valor como expresión y se convierte en acción pura y simple. Es como el lenguaje cuando puede separarse completamente del pensamiento: se convierte en sonido.

Reducido a pura acción, el rito sólo tiene valor en sí mismo: se vuelve sagrado como gesto, como palabra, independientemente de su significado. Puede incluso no entenderse, puede incluso parecer absurdo; es sagrado de todos modos y eficaz en la medida en que se realiza. Basta entonces con actuar para que se produzca ese efecto beneficioso concreto: éste es independiente de la voluntad y no puede faltar si el rito se cumple con exactitud.

En otras palabras, el rito, despojado de su valor expresivo, se convierte en magia. La magia no es más que un ritualismo en el que la acción opera en sí misma, como acción.

Esta eficacia de la acción en sí no disminuye, sin embargo, en los casos en que la operación tiene por objeto ganarse el favor de un poder superior; pues la acción mágica difiere de la acción religiosa en que esta última *implora* la intervención divina, mientras que la segunda la *exige*; la acción mágica *obliga* al dios a servir a la voluntad humana, y el dios no puede sustraerse a su poder.

De ahí, por un lado, la confianza con la que opera la magia y, por otro, la ausencia de toda fe real. Pues la magia cree que al realizar ese acto concreto el dios no puede escapar de él, y puesto que la intervención del dios se debe no a su voluntad sino al poder del acto mágico, el hombre no le debe ninguna gratitud; mientras esté seguro de haber realizado la acción prescrita, tiene derecho a culpar a la divinidad si su intervención permanece ausente.

Esta era exactamente la postura de los romanos hacia la divinidad.

Nunca pensaron que la ayuda divina debiera obtenerse mediante una disposición espiritual específica -la fe- de la que el rito era la expresión externa, se creía que el rito como tal era necesario para obtenerla: por eso fundamentaron el rito en la relación entre el hombre y dios. Pensaban lógicamente que había ciertos ritos aptos para atraer la voluntad divina -los ritos «verdaderos»- y otros que no tenían esta eficacia -los ritos «falsos»-. Y, aún más lógico, pensaban que una vez realizado conscientemente el «verdadero» rito, el dios no podía rechazar su ayuda.

Esta era la posición de los romanos hacia la divinidad, hasta los tiempos de los antiguos. Ciertamente, los espíritus superiores tenían un concepto menos mecánico de la relación con la divinidad, pero la concepción ritual de la relación con dios siempre estuvo en el fondo de la conciencia romana. Que siempre pensó que la recitación exacta de las oraciones y la realización exacta del sacrificio eran elementos decisivos para obtener la ayuda divina. Si no fuera así, no se explicaría cómo ritos y fórmulas que habían caído en completo desuso, incomprensibles e incluso objeto de burla, pudieron mantenerse en uso durante muchos siglos.

De modo que el romano tenía un concepto totalmente mágico de la religión. Condenaba a los magos y hechiceros, pero practicaba inconscientemente su religión como si se tratara de una gran magia. Era religioso, pero de una religiosidad mágica: creía más en los ritos que en los dioses. La influencia griega tuvo este buen resultado: atenuó la tendencia a la magia dando mayor protagonismo a la persona divina. Antes de la influencia griega, la divinidad era una energía pura y simple, desprovista de personalidad, que podía captarse mediante el rito: de ahí que la religión antigua fuera exclusivamente ritual. La influencia griega, al dar cuerpo, figura y personalidad a los dioses, llevó a los romanos, si no a una verdadera fe, ciertamente a una mayor confianza en la persona divina. Pero nunca alcanzaron esa entrega espiritual a Dios que no obra en Él por medios prácticos, sino únicamente por la fe.

Otra consecuencia de la negación de la religiosidad individual fue la coincidencia de religión y política, es decir, Iglesia y Estado.

Roma cautiva

Esta consecuencia era inevitable dada la concepción que los romanos tenían de la religión. En efecto, negaban el valor del individuo y su derecho a tener su religiosidad particular, no quedaba más remedio que construir el conjunto de la religión sobre una base extrínseca de heteronomía: una base que, en última instancia, sólo podía proporcionar el Estado. El Estado se convirtió así en el único regulador de la religión, no por un acto de arbitrariedad, sino porque, negado el valor del individuo, no quedaba más autoridad que la familia primero, después la gens y finalmente el Estado.

Dividida de este modo en sus diversos elementos, la religión romana pierde ese carácter arbitrario que a primera vista la hace incomprensible, y su historia se explica perfectamente: es decir, se explica como uno de los aspectos de la historia *política* de Roma, la historia del *ius divinum*, como parte del *ius publicum*, del que la historia política es la realización.

La historia nos presenta otro caso de religión que pretendía suprimir la religión individual: me refiero a la religión china. Según las creencias chinas, cada divinidad tiene su propio departamento: los dioses de las nubes, de la lluvia y del viento controlan el tiempo; los espíritus de la tierra y de la cosecha regulan el trabajo agrícola; los espíritus del Imperio, del Estado o de la ciudad controlan a los ciudadanos. Estos dioses son innumerables e intervienen en todos los asuntos importantes de la vida: se les considera incorpóreos, no tienen personalidad mítica, son meras energías espirituales. Por eso la antigua religión china no tiene templos ni ídolos, y los dioses están representados por tablillas inscritas con sus nombres. Lo que se necesita es conocer la actividad de cada dios y saber qué hay que hacer para ganarse su protección: nada más. De ahí la gran importancia del ritual, meticulosamente prescrito.

La religión china es exclusivamente estatal. El emperador era el jefe de la religión y el culto lo ejercían él, los príncipes y los funcionarios, para el pueblo, pero no por el pueblo, ni siquiera posiblemente en presencia del pueblo. La religión en China estaba subordinada al Estado hasta el punto de que el emperador tenía el poder de introducir nuevos dioses en el panteón chino, de ascender a los espíritus a un rango superior o degradarlos, de destituirlos incluso, cuando se negaban a consentir una plegaria tras recibir la debida ofrenda.

Y en cuanto a los muertos, los chinos creen que siguen formando parte de la familia, participando en su vida, y los honran con ofrendas de comida. En las ceremonias que se celebran en su honor, un miembro de la familia se hace pasar por ellos y los representa momentáneamente.

En este contexto surgió Confucio.

Confucio era un profundo conocedor de los rituales antiguos. No le gustaban las disquisiciones teológicas sobre la naturaleza de los seres divinos o el origen del mundo. Sólo tenía dos intereses: la ética y la política.

Con este temperamento práctico y preciso se enfrentó a los excesos de la religión popular y, en especial, del taoísmo, creencias en espíritus, magia, chamanismo, misticismo y ascetismo. Por otro lado, había una grave decadencia de la religión, una degradación de la autoridad imperial tanto en el sentido político como religioso y un empobrecimiento del pueblo como consecuencia de las luchas civiles. Y Confucio vio el remedio en un retorno a lo antiguo.

«En mi fe -dice- me dejé guiar por el amor a lo antiguo». Por eso recuperó los antiguos libros sagrados, casi olvidados, revisó los textos, creó el canon religioso y restauró la religión del Estado. Y con él renació la religión nacional de China, restablecida para siempre.

Pero todo esto no impidió que el budismo ejerciera toda su fascinación sobre el espíritu de los chinos.

El budismo era la antítesis misma de la religión china. Esta última tenía una concepción abstracta de la divinidad y desconocía la imagen; el budismo, en cambio, poseía un antropomorfismo rico y preciso.

La religión china no tenía una idea precisa del más allá[350], mien-

---

[350] **NdE**: Ciertamente, la religión tradicional china no tenía una doctrina unificada y detallada sobre el más allá, como pudiera suceder con el Budismo o con el propio Cristianismo. No obstante, sí existían conceptos sobre la vida después de la muerte, como el reino de los muertos (a menudo asociado con el

tras que el budismo tenía doctrinas muy claras sobre el más allá, sobre las recompensas de los buenos en el cielo, los castigos de los malvados en el infierno. La religión china tenía un culto muy sencillo; el budismo, en cambio, contaba con ritos suntuosos, sacerdotes solemnes e imágenes deslumbrantes.

Es evidente que el budismo debió de ejercer una poderosa fascinación sobre los chinos. Y así fue. Y el gobierno libró en vano una feroz lucha contra él; pues al final, a pesar de las apariencias, la victoria fue suya.

Y he aquí que, bajo la influencia budista, aparecieron estatuas divinas en los templos chinos. El ídolo principal en el centro: a sus lados, en capillas laterales, sus dioses inferiores. Delante del dios, la mesa de las ofrendas.

Y el culto original, en el que se depositaban ofrendas ante las tablas de los dioses, cambió radicalmente: una parte muy importante del mismo era ahora el voto, es decir, la promesa de algún regalo -como carne, aceite para la lámpara, dinero para las ceremonias, un puente, un camino y cosas por el estilo. Y el pobre y grosero rito chino primitivo se convirtió en un culto lleno de imágenes, esplendor y encanto; y alrededor de los primitivos dioses abstractos trabajaba la imaginación, creando leyendas de su poder.

Todo esto aparece incluso como una transcripción china de la historia religiosa romana, hasta el punto de que ambas religiones se corresponden: la concepción particular e impersonal de la divinidad, la relación puramente práctica y ritual con ella, la subordinación de la religión al Estado, la concepción de los muertos como energía, sin

---

inframundo gobernado por Yanluo Wang en la mitología popular) y la creencia en espíritus ancestrales que requerían veneración. A tal respecto es interesante lo que comenta Eduard Erkes: «La concepción china más reciente del más allá, con una jerarquía de cielos e infiernos correspondiente a las distintas acciones terrestres, con sus castigos y recompensas, también deriva del budismo y, sin embargo, fue considerada como algo ajeno; nunca pudo aclimatarse del todo en China y sólo arraigó en los estratos socialmente menos privilegiados de la población, e incluso en ellos sólo en ciertas sectas budistas o sincretistas». Véase Eduard Erkes, *Creencias religiosas en la China antigua*, Hipérbola Janus, Huesca, 2022, p. 51.

ninguna idea escatológica precisa: todo encaja. Y es casi superfluo detenerse en las comparaciones entre la reforma confuciana y la reforma augustea, tanto que son iguales en fines, medios y resultados. Por otra parte, tampoco se puede negar que la fascinación ejercida por el Budismo en China tenía las mismas razones que la fascinación que la religión griega y más tarde la religión oriental ejercieron en Roma: el contenido antropomórfico y soteriológico, la idolatría, el culto sensualista y el misticismo. Y el Estado chino creyó salvar la religión nacional precisamente por los medios adoptados por el gobierno de Roma: combatiendo por doquier y en todas partes el misticismo, anulando la religión individual para el triunfo de la religión nacional. Y el resultado de la lucha fue el mismo en Roma que en China.

Pero esta no es toda la serie de enseñanzas que nos sugiere la comparación entre las dos religiones. Como en Roma, también en China encontramos dos corrientes filosóficas que se corresponden exactamente con el epicureísmo y el estoicismo. A mediados del siglo IV d.C. surgió Yang Chu, quien enseñaba que siendo la vida corta y llena de problemas y la muerte el fin de todas las cosas, la única felicidad en la vida es el disfrute de los bienes sensuales. Por otro lado, Mehtih, un oponente de Yang Chu, enseñó que uno no debe amarse a sí mismo, que uno debe amar al prójimo y considerar la casa del prójimo como la propia, y los estados extranjeros como el propio, ya que todos los males sociales surgen de las distinciones sociales que el amor universal debe suprimir. Séneca contra Epicuro.

Y es curioso observar de nuevo cuánto se parece el materialismo de Wang Chung, que vivió a finales del siglo I d.C., al de los estoicos y epicúreos. «En el principio -él enseñaba- había caos, y los elementos más ligeros se separaron de los más pesados sin la obra de ninguna inteligencia, los cálidos y luminosos permanecieron arriba, los fríos y oscuros abajo. Todas las cosas surgen de la combinación e influencia espontánea de estas dos clases de elementos. El cielo también está compuesto de materia y no le importan las acciones humanas; el alma es materia en sí misma, y sólo es una energía individual cuando está unida al cuerpo con el que nace, crece y muere. Y después de la muerte está la nada».

Casos similares producen efectos parecidos. A tan enorme distancia de lugar y tiempo, sin ninguna relación recíproca, en Roma como en China, la religión, al querer identificarse con la práctica, perdió toda capacidad de construcción espiritual y abrió la vía al sensualismo y al materialismo.

Ahora bien, la reforma augustea podría haber llegado a ser realmente una «Reforma», anticipando en un milenio y medio algunas de las conquistas de la Reforma protestante, si en lugar de ser una simple reforma ritual hubiera querido, o podido, ser una reforma religiosa; es decir, si en vez de regresar a lo antiguo únicamente a través de la acción, lo hubiera hecho también a través de la fe y hubiera devuelto a la vida el primitivo moralismo abstracto, destruyendo la idolatría.

Pero tal empresa, incluso si Augusto hubiera percibido su belleza, estaba ciertamente más allá de la fuerza humana. Y así sucedió que la reforma augustea siguió siendo una reforma interna para uso exclusivamente romano, sin repercusión fuera de los confines de la religión romana. Y así sucedió que la guerra contra la idolatría quedó reservada al cristianismo, que a su vez se convirtió en víctima del antropomorfismo griego. Y el protestantismo fue heredero del moralismo abstracto romano.

Habiendo comprendido así la esencia profunda de la religión romana, podemos juzgarla en relación con nuestra conciencia. Esto sería perfectamente inútil si se tratara de una religión *muerta*, pero la religión romana es una religión *viva* en la medida en que su verdadera esencia sigue viva en nuestra conciencia.

A pesar del abismo que divide espiritualmente al cristianismo del paganismo y a pesar del hecho de que a la sociedad actual le gusta llamarse cristiana, no podemos negar que la identificación romana de la religión y la práctica sigue estando muy extendida hoy en día. Innumerables personas creen sinceramente que son muy religiosas porque son muy practicantes y realizan con profundo celo innumerables actos rituales, muy preocupadas por realizarlos exactamente como prescribe la tradición, y asisten a ritos y cultos que les resultan incomprensibles, convencidas de que al hacerlo hacen el bien, y nunca han dudado de si esta practicidad suya, vacía de contenido espiritual, tiene o no algún valor. E igualmente numerosos son los creyentes que conciben sus relaciones con Dios de manera totalmente práctica y cuando creen útil o inevitable recurrir a la ayuda divina, tratan de obtenerla con ofrendas, con votos, con ritos repetidos una y otra vez, como si no fuera el acto espiritual, sino el acto práctico, lo que sirviera para procurar la ayuda divina. Y cuando la gracia no llega, se acusa a Dios o al Santo de deslealtad y de falta de fidelidad.

Y hay muchísimos otros que aceptan una creencia por autoridad sin persuasión íntima, en una palabra hay muchísimos que todavía mantienen una religiosidad mágica romana y están completamente fuera de esa religión de la que ellos mismos dicen ser seguidores.

Pero aún más grave es el legado romano en cuanto a la coincidencia de religión y política. Es superfluo recordar la coincidencia entre política y religión que se dio en Alemania con el luteranismo, en Inglaterra con el anglicanismo, en Rusia con la Iglesia ortodoxa y en algunos estados norteamericanos con el protestantismo. El poder temporal de los papas, tal como aparece en la Edad Media, es la manifestación más flagrante de esta herencia.

El mundo aún no ha llegado a una clara distinción entre religión y política, es decir, entre Iglesia y Estado.

Biografía de Vittorio Macchioro

Vittorio Macchioro nació en el seno de una familia judía de origen sefardí en Trieste (Italia) un 29 de noviembre de 1880. Después de licenciarse en historia antigua por la Universidad de Bolonia en 1904 y hasta el estallido de la Primera Guerra Mundial, dedicó su actividad intelectual a la arqueología, trabajando como inspector en la Superintendencia de los Museos Arqueológicos. Concretamente, en el Museo Arqueológico Nacional de Nápoles, donde abordó el problema de la clasificación de una enorme cantidad de cerámica, de distintas piezas, identificando a través de un análisis estilístico los diferentes talleres de producción.

Vittorio Macchioro

Tras alistarse en el Ejército italiano como voluntario en 1915, fue enviado al frente en 1916. Fue declarado desaparecido en combate, y consiguió escapar milagrosamente de una muerte por congelación. Esta experiencia produjo una honda huella en él y transformó de manera radical su forma de vivir y de concebir su enfoque sobre el mundo antiguo. En los siguientes años, su labor investigadora y producción intelectual culminarían en la publicación de la que se considera su obra maestra: *Zagreus: studi intorno all'orfismo* (1920), una obra que parte de la exégesis de los frescos de la Villa de los Misterios de Pompeya, interpretados como la representación de una liturgia órfica.

Con el final de la guerra inicia un nuevo periodo en su vida, orientado hacia el estudio de las tradiciones religiosas, y en particular hacia el orfismo y la teoría paulina. De esta fase, además del libro mencionado también destacan las siguientes publicaciones: *Eraclito: nuovi studi sull'orfismo* (1922); *Orfismo e Paolinismo: studi e polemiche* (1922) y *L'evangelio* (1922). Durante esta época, a comienzos de la década de los años Veinte, Macchioro es cercano al Protestantismo y concibe trabajos como *Teoria generale della religione come esperienza* (1922) o *Lutero* (1924), las cuales lo llevaron a indagar en contextos religiosos muy diversos en un intento de responder a las inquietudes interiores y existenciales que lo atormentaron a lo largo de toda su vida. Prueba de ello son sus numerosas conversiones: del judaísmo al catolicismo, de éste al protestantismo, y finalmente el regreso al catolicismo. En su enfoque de estudio confluían cada vez más sus propias elecciones personales con el objeto de investigación.

Por sus características metodológicas y de sensibilidad, además de por el tipo de exégesis y contenidos de sus obras, intelectuales de la talla de Mircea Eliade (1907-1986), Aby Warburg (1866-1929) y Ernesto de Martino (1908-1965) (que se convirtió en su yerno) quedaron fascinados por su obra y la utilizaron como medio de inspiración. La segunda edición de *Zagreus* (1930) le valió el reconocimiento internacional por la originalidad de su hermenéutica. Un año antes, en 1929, ofreció un ciclo de conferencias en Berlín, Heidelberg, Frankfurt, Praga, Viena y Graz; ese mismo año fue invitado por la Universidad de Columbia, en Nueva York, para inaugurar un programa de clases sobre historia de las religiones. De regreso a Italia en 1933 el gobierno italiano lo envió a la India como profesor visitante, oportunidad que le permitió impartir una serie de ponencias centradas en el orfismo y la religión griega en varias ciudades como Benarés, Delhi o Calcuta y en la *Young Men's Christian Association* (YMCA). En 1936 fue trasladado a Trieste, a la superintendencia de Venecia Julia, donde dirigió las excavaciones del teatro romano de Trieste y el área del Foro de Zuglio. En 1938, con la entrada en vigor de las nuevas leyes raciales, Macchioro fue obligado a jubilarse. Desde entonces abandonó toda actividad científica para dedicarse exclusivamente a la producción literaria, hagiográfica y periodística. En esta última etapa de su vida firmó con el pseudónimo «Benedetto Gioia», como contrapuesto a «Benedetto Croce». Durante esta época publicó novelas de inspiración autobiográfica como *Il gioco di Satana* (1938) y *La grande luce* (1939). Fue internado en un campo de concentración durante la Segunda Guerra Mundial, y posteriormente, al final de la misma, readmitido en el servicio, siendo destinado a la superintendencia arqueológica de Roma en 1946.

Sus contribuciones como investigador del mundo antiguo romano registraron notables aportaciones, como, por ejemplo, la corrección de la entonces consolidada clasificación de la producción cerámica italiota de Giovanni Patroni (1869-1951), con obras desarrolladas al comienzo de su actividad científica: *Per la cronologia dei vasi canosini* (1910); *Per la storia della ceramografia italiota* (1910); *Il simbolismo nelle figurazioni sepolcrali romane. Studi di ermeneutica* (1911). En *Questioni di metodo* (1910) Macchioro plantea una crítica a la perspectiva evolucionista de la historia del arte y a una investigación de carácter exclusivamente estético-formal. Se puede decir que anticipó investigaciones de autores posteriores en este campo como Karl Kerényi (1897-1973) con la utilización de un procedimiento experimental e innovador frente a las disciplinas y métodos vigentes hasta esa época. Tratará de integrar y complementar los estudios clásicos como la antropología o la etnomusicología con la propia arqueología, la numismática y la filología en una síntesis de tipo fenomenológico-existencial.

Más allá de cuestiones metodológicas en el estudio general del mundo antiguo, y ciñéndonos a la historia del cristianismo paulino, Macchioro ve una contraposición frente a la concepción espiritual dominante, propia de la evolución de la teología posterior a Pablo, en una visión cada vez más intelectual y metafísica de la religión. Una espiritualización que, según Macchioro, sería la causa de un proceso de «esterilización y alienación» de la experiencia y de la presencia de lo divino en la vida, frente a una concepción cada vez más representativa de la existencia.

Durante sus últimos años de vida, Vittorio Macchioro experimentó problemas de salud mental, probablemente relacionados con un tipo de demencia, lo cual mermó su capacidad de trabajo y estudio, y finalmente murió a la edad de 78 años un 27 de noviembre de 1958 en la ciudad de Roma.

Hipérbola Janus
Otros títulos publicados

Pietro de Francisci
El espíritu de la civilización romana: *Ne ignorent semina matrem*

Publicar un texto como *El espíritu de la civilización romana* de Pietro de Francisci, insigne jurista especializado en derecho romano, es una operación de particular significado porque se funda exclusivamente sobre la *dimensión espiritual* de la irrupción epifánica de Roma en el mundo, en las vicisitudes humanas, como *hierofanía* heroico-guerrera de un milenario ciclo en el cual, el Mito y el Símbolo, haciéndose históricos, sacralizando el devenir histórico, para que *Roma parezca ser el Cielo encarnado sobre la Tierra*.

A pesar de que el texto fue publicado originalmente en 1940, y posteriormente reeditado en 1952, su contenido no ha perdido un ápice de actualidad, en la medida que reivindica una hermenéutica fresca, revolucionaria y necesaria de la Romanidad, de su particular cosmovisión, al tiempo que plantea paralelismos y relaciones con tiempos sucesivos, comprendidos los actuales.

Francisci nos presenta todo el *Logos* de la Romanidad en términos de vasta profundización científica, sobre el plano de la teoría jurídico-religiosa así como institucional y política, pero desde un enfoque revolucionario, como *Visión del mundo*, como una *Kultur*, en el sentido spengleriano del término, capaz de *ver* más allá, en el terreno de la metahistoria, captando la esencia misma de la Romanidad.

Págs.: 224
Fecha: 15/07/2023
ISBN: 978-1-961928-00-8

https://amzn.to/44uT9DU

Claudio Mutti
Democracia y talasocracia: Antología de ensayos geopolíticos

De aquí parte la dicotomía milenaria en la que se sustenta la geopolítica clásica, la confrontación elemental tierra/mar, bellamente expuesta por Carl Schmitt en su reconocida obra de similar título, que se produce entre estados e imperios que se fundamentan sobre el *poder terrestre* (telurocracia) y los que gravitan alrededor del *poder marítimo* (talasocracia); y vale insistir en que estos dos conceptos no solo representan diferencias en sus connotaciones geográficas y estratégicas, sino, principalmente, distintas cosmovisiones y «estilos de vida», que luego se reflejan en la manera de concebir la religión y la cultura, los ordenamientos políticos y económicos, las ciencias, la situación del hombre frente a la naturaleza, etc.

Frente al peligro que representa hoy el imperialismo norteamericano, la potencia talasocrática por antonomasia, con sus guerras de destrucción planetarias, su función de palanca para la instauración del reino de la crematística, de la decadencia y el desarraigo, de la muerte de todo *sensus* lingüístico, viva expresión de la *hybris* (la prepotencia o desmesura en todos los ámbitos de la actividad humana), el libro que presentamos es un llamado a la resistencia a este proyecto esclavizador —de aniquilación de toda nación justa y soberana— mediante el conocimiento de los principios de la geopolítica, pues esta ciencia es *la llamada a custodiar la Conciencia terrígena del hombre* (Disandro).

Págs.: 144
Fecha: 06/07/2017
ISBN: 978-1548591922

https://amzn.to/2sR7jMM

Consulta nuestro catálogo completo en
https://hiperbolajanus.com/libros

Otros títulos publicados

Curzio Nitoglia
En el mar de la nada: Metafísica y nihilismo a prueba en la posmodernidad

En el mar de la nada es un ensayo sobre filosofía tomista a la luz de los últimos acontecimientos que han configurado la posmodernidad. Recurrir a la filosofía escolástica de Santo Tomás se revela como un antídoto eficaz frente a la decadencia de nuestros tiempos, frente al desenlace fatal de la modernidad en la posmodernidad, que no es sino su expresión más exacerbada y nihilista. Tradición frente a modernidad, Metafísica del Ser frente a contra-metafísica nihilista de la nada.

El propio autor, Curzio Nitoglia, nos transmite sus intenciones y el valor de la filosofía del Aquinate en unas pocas líneas:

La filosofía de Santo Tomás permanecerá siempre actual, porque, en el actual desorden y desbandada intelectual y moral, conserva aquellas verdades inmutables sin las cuales es imposible hacerse una idea justa de la realidad fenoménica y ultra-fenoménica, siendo una defensa racional del valor real de los primeros principios del sentido común.

Los principios del tomismo superan aquellos del aristotelismo y son originales, ellos son la filosofía del ser en el sentido fuerte del término, en cuanto última actualidad de todos los actos y suprema perfección de todas las perfecciones. Por ello solo el tomismo puede ser portador del remedio contra el desorden intelectual y moral y la inestabilidad del espíritu que caracteriza la época posmoderna.

Págs.: 126
Fecha: 15/05/2023
ISBN : 9798394809026
https://amzn.to/3W6ymTM

Emilio Chiocchetti
La filosofía de Giambattista Vico

Emilio Chiocchetti (1880-1951) nos invita a adentrarnos en el pensamiento de Giambattista Vico, filósofo italiano del siglo XVII, con un enfoque original de la historia y la naturaleza del conocimiento humano. Siguiendo el itinerario marcado por su obra principal, *Scienza nuova*, propuso un enfoque cíclico de la historia humana, en contraste con las ideas lineales del progreso predominantes en su época. Al mismo tiempo se opuso al racionalismo cartesiano y la noción del progreso por él propuesta.

Vico argumentaba que la historia de la humanidad seguía un patrón de desarrollo recurrente a través de tres etapas: la edad de los dioses, la edad de los héroes y la edad de los hombres. Creía que los seres humanos crean su propio mundo social y cultural a través de la imaginación y el lenguaje, siempre ligados a los instrumentos procurados por la divina Providencia, que aparece como una guía espiritual de la que nacen los cimientos de la civilización. Asimismo también creía que la comprensión de las leyes y patrones subyacentes a la historia podía revelar la naturaleza de la mente humana.

Además, Vico hizo importantes contribuciones al estudio de la retórica, la poesía y la filosofía del derecho. Su pensamiento influyó en filósofos posteriores como Hegel, Nietzsche o Spengler y su enfoque holístico de la historia sigue siendo relevante en la actualidad.

Págs.: 166
Fecha: 11/03/2024
ISBN : 978-1-961928-13-8

https://hiperbolajanus.com/libros/filosofia-vico-chiocchetti/

www.ingramcontent.com/pod-product-compliance
Lightning Source LLC
Chambersburg PA
CBHW032255150426
43195CB00008BA/463